死海写本

「最古の聖書」を読む

土岐健治

講談社学術文庫

はじめに

ガリラヤ湖から南に下ったヨルダン川が流れ込む死海の北西岸に、「クムラン」と呼ばれる荒涼とした丘陵地がある。

第二次世界大戦が終わって間もない一九四六年から四七年にかけての冬に、まったく偶然のことから、このクムラン丘陵に点在する洞窟の一つから、瓶《かめ》に入った七つの古い写本が発見された。これが、そののち有名になる「死海写本」である。

これらの写本が、今から二〇〇〇年以上も前のもので、従来、旧約聖書の最も古い写本とされていたナッシュ・パピルスと同時代、もしくはさらに古い時代に書かれたものであることが明らかになると、欧米に「クムランブーム」とでもいうべき反響が巻き起こった。

死海写本によって、それまで以上にイエスと新約聖書を含む初期キリスト教の背景が解明されるのではないかという期待がふくらんだのも、ブームの一因である。たとえばアメリカでは、一九五五年に著名な文学者エドマンド・ウィルスンが「死海からの写本」として紹介記事を載せた「ニューヨーカー」誌が二、三日で売り切れてしまい、これに多少手を加えた単行本もベストセラーになったほどである。

死海写本が発見された当時のパレスティナ一帯は、イスラエル建国をめぐる争乱状態にあったため、写本自体も数奇な運命をたどることになった。最初に発見された七つの写本の本文は一九四八年から五六年までに公刊されたが、その後、次々と発見された膨大な写本（断片）を整理することは専門家にも容易なことではなく、死海写本全体の復元と公開には予想をはるかに超える長い年月がかかった。

それも一因となって、死海写本の内容とはほとんど無縁の、空想の産物としかいいようのない説を唱える本が現れることになった。邦訳されたものでは、M・ベイジェント、R・リー『死海文書の謎』（高尾利数訳　柏書房　一九九二年）、B・スィーリング『イエスのミステリー』（高尾利数訳　日本放送出版協会　一九九三年）などである。それらに共通するのは、死海写本には、イエスや初期キリスト教の実態が記されているという妄想である。

これらは、まじめに死海写本に取り組んでいる世界中の学者たちの眉をひそめさせるもので、学問研究とは無縁のものであったが、実際の写本に何が書かれているかが一般の人々に知られていなかったことも、こうした本がベストセラーになった一因であったと思われる。

そこで本書では公刊された死海写本の記述に即して、その内容を、旧約・新約聖書などと関連づけつつ読者に紹介することにしたい。最新の研究成果をふまえつつ、こうした形で死海写本を紹介するのは、日本人の手になるものとしては、わが国では本書がはじめてであろう。

巻末には、死海写本を残したと思われるユダヤ教の集団エッセネ派（クムラン宗団）に関する古代資料と、本書で引用ないし参照した研究文献（略号）の一覧、年表を付した。

なお本書では、読者が死海写本の記述を関連書と結びつけて考察する際の便宜と正確さを期するために、かなり細かく出典箇所を括弧内に示してある。この出典箇所の見方は一〇頁の凡例を見ていただきたい。

煩雑に感じる方は括弧内の出典箇所を飛ばして読んでいただいても死海写本の内容を理解していただけるように解説したつもりである。

目次

凡例

○古代文献の訳は、聖書も含めて、ことわり書きのない場合はすべて筆者の私訳である。
○クムラン写本の引用において、Frag(s). = Fragment(s) は「断片」を、Col. = Column は「欄」を、それらに続く数字は行数を示す。また、たとえば「共同体の規則」一・一とある場合は、「共同体の規則」第一欄第一行の意味である。写本は横書きの巻物であり、「欄」は現在の書籍のページに相当する。
○福音書など引用した聖書関連の文献において、漢数字は「章」を、それに続く算用数字は「節」を示す。たとえばマルコ福音書一8とある場合は、マルコ福音書第一章第八節の意味である。
○巻末および本文中の古代資料（ヨセフスとフィロン）の漢数字は巻数を、算用数字は節数を示す。
○クムラン写本の引用中、［ ］内のことばは、欠損した本文を推読により補ったことを示す。ただし一文字ほどの、ごくわずかな欠損の推読の場合には、一般の読者には煩雑と思われるので、いちいち［ ］を用いない場合がある。
○頭文字による主な略記の意味は次のようになる。これらは本文でも説明する。
CD＝Cairo Damascus (Document)「ダマスコ文書」（一〇二頁参照）
DJD＝Discoveries in the Judaean Desert「正式に公刊された死海写本シリーズ」の意。（三二一頁参照）
LXX＝セプテュアギンタ「七十人訳（ギリシア語訳旧約）聖書」（一九八頁参照）
MMT＝Miqtsath Maʿsey hat-Torah「ハラカー書簡」（一三一頁参照）
MT＝Masoretic Text「マソラ本文」（一九四頁参照）
Q＝Qumran（たとえば1Q1は、クムラン第一洞窟出土第一番写本の意味。二四頁参照）

死海写本　「最古の聖書」を読む

第一章　写本発見と公刊への数奇な道

1　死海写本の発見

三人のベドウィン

死海写本の発見は二〇世紀を代表する歴史的事件の一つであった。その発見の経緯は、すでに伝説と化し、細部についてはさまざまに異なる物語が伝えられている。比較的信頼性の高い報告によれば、物語は次のように始まった。

一九四六年から四七年にかけての冬に、三人のベドウィン（アラブ系の遊牧民）が、死海北西岸の丘陵地帯にある「クムラン」と呼ばれる地域で羊と山羊の群を追っていた。最年長のハリルと、その二人のいとこ、ユマとムハンマドである。

ユマは宝物発見の夢を抱いており、折にふれてあちこちの洞窟の中をのぞいていた。彼が、とある洞窟の中に石を投げたところ、中で何かの壊れるような音が聞こえた。その時は陽《ひ》も暮れかかっていたので、中に入って調べることはあきらめた。

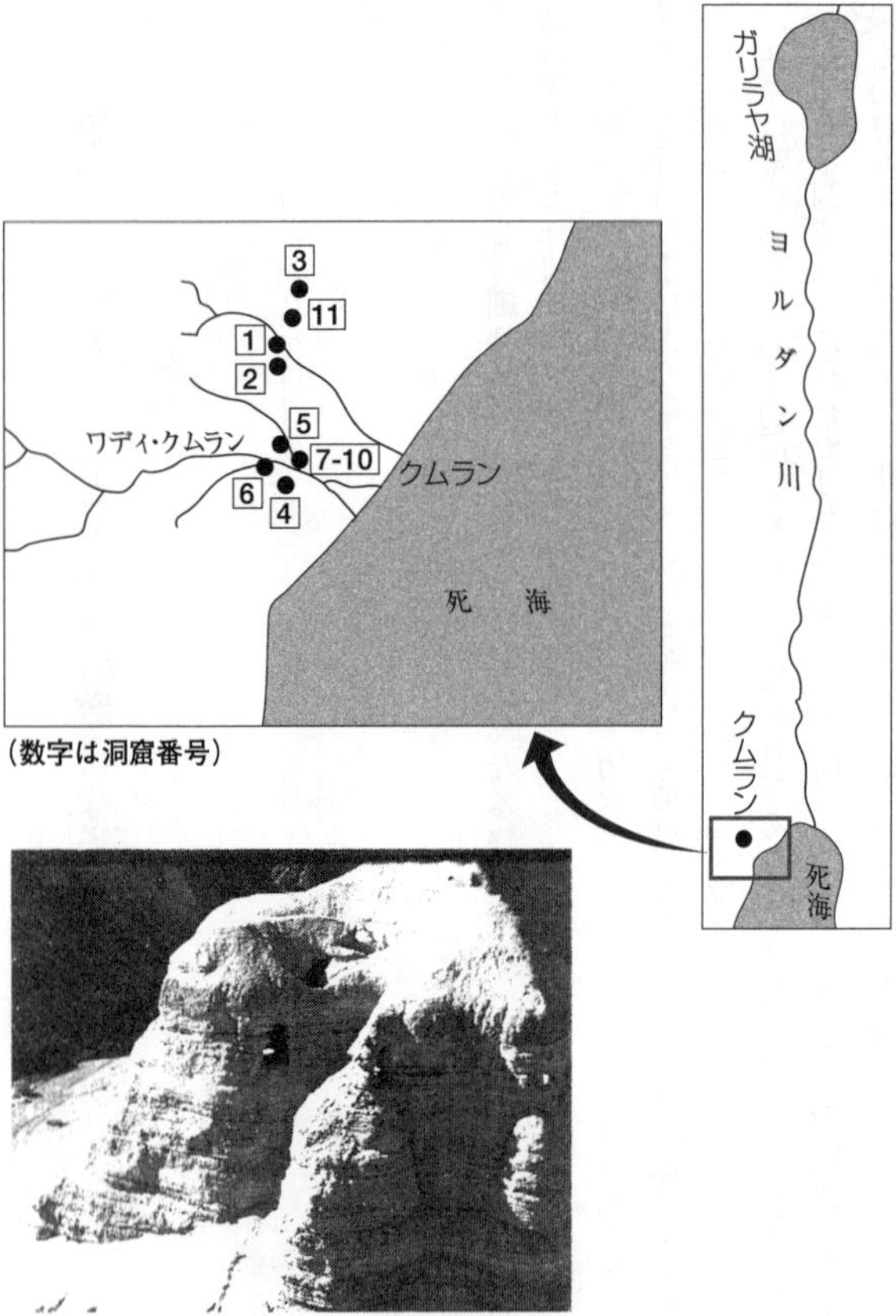

クムランの位置と写本のあった洞窟位置（上）。下は第４洞窟のある丘

二日後の早朝、ムハンマドが二人の仲間より早く起きて、一人で洞窟の中に入り、そこに古びた獣皮の写本と瓶を発見した。約一〇個の円筒形の瓶の内、八つは空で、一つの中には泥が満ちていたが、一つの瓶の中には三つの写本巻物があり、その内の二つは亜麻布で包まれていた（後にさらに四つの写本巻物が発見された）。

ベドウィンの若者たちが密輸品の運搬に関わっていたという話が当初から繰り返し語られ続けてきたし、発見の時期や場所についても異説が絶えない。前述のムハンマドによれば、写本は一九三八年の少し前に発見され、その場所も今日、「クムラン第一洞窟」と同定されている洞窟とは異なり、洞窟の中には約四五もの瓶があったという。

いずれにせよ、ベドウィンたちは、写本の価値の鑑定もままならず、買い手がなかなか見つからなかったため、写本を何ヵ月も（何年も？）持ち歩いたあげく（この間、写本はがらくた同然に取り扱われた場合もあり、一部は散逸したと言われる）、一九四七年の四月頃、ベツレヘム（もちろんルカ福音書によればイエス・キリストの誕生の地）の靴直し兼古物商である、通称「カンドー」という男のもとへ持ち込んだ。

古物商カンドー

カンドーは、小さな靴製造工場を含むいくつかの事業を経営しており、単なる「靴直し（cobbler）」と呼ばれることを不満に思っていた。それはともかく、カンドーは、おそらく洞窟へ案内させて、ベドウィンたちが見逃した写本を入手した可能性が高い。

写本の数はこの段階で七つを数え、それらは三つと四つの二組に分けられ、三写本はベツレヘムの古物商サラヒのものとなり、四写本はカンドーのものとなった。一説によれば、カンドーはベドウィンにたった五ディナール（約一四ドル）を支払っただけだったという。

カンドーは巻物の文字をシリア語ではないかと考え、また彼自身、シリア正教会の信者であったこともあって、友人のイシャヤと相談して、写本の話をエルサレムのシリア正教会聖マルコ修道院（旧市街内）のサムエル大主教に伝えた。

一九四七年四月にカンドーが写本の小断片をサムエルの所へ持ち込むと、大主教はただちに、そこに記されているのは古代ヘブル語であることに気付き、カンドーに手持ちの写本を持ってくるように頼んだ。

そこでカンドーは四つの写本を大主教のもとに届け、二四ポンド（約一〇〇ドル）で売却した。買い手にとってはなけなしとも言うべき大金であったという。大主教が入手したのは、小断片を別にすると、旧約聖書イザヤ書のほとんど全体を記した写本、「ハバクク書註解」「共同体の規則」（別名「宗規要覧」）「外典《がいてん》創世記」（創世記の一部の内容を敷衍《ふえん》拡大したもの）であった。

一方、三つの写本を入手したサラヒは、友人のオハンと連絡を取り、オハンは知人であったエルサレムのヘブル大学考古学教授であるE・スーケニーク（ユダヤ人）にそのことを伝えた。

死海写本と激動するパレスティナ情勢

当時は、イギリスによるパレスティナ委任統治の終了、イスラエル共和国建国宣言（一九四八年五月一四日）直前の、大混乱の時期にあたり、ユダヤ・アラブ両民族間の対立は激化し、両民族によるテロが頻発《ひんぱつ》し、戒厳令《かいげんれい》が敷かれていた。エルサレムはユダヤ人居住区とアラブ（パレスティナ）人居住区に分けられ、両地区の間には有刺鉄線が張り巡らされ、一方の地区から他方の地区へ移動するためには、軍の発行する許可証が必要であったが、オハンもスーケニークも許可証を持っていなかった。

そのため二人は有刺鉄線越しに会見した。オハンの示す写本断片を有刺鉄線越しに見たスーケニークは、そこに記された文字が、約二〇〇〇年前のヘブル文字であることを直ちに見抜いた。

スーケニークは、写本購入のためベツレヘムへ行くことを決心した。これは当時の状況下ではきわめて危険なことであったが、彼はベツレヘムへの旅を決行し、四七年一一月から一二月にかけて、三つの写本を購入した。それらは、イザヤ書の一部を記した写本、「戦いの巻物」「感謝の詩篇」（旧約聖書、特に詩篇の言葉を多用した、後述する宗団員たちに対する祝福と、神への感謝）であった。

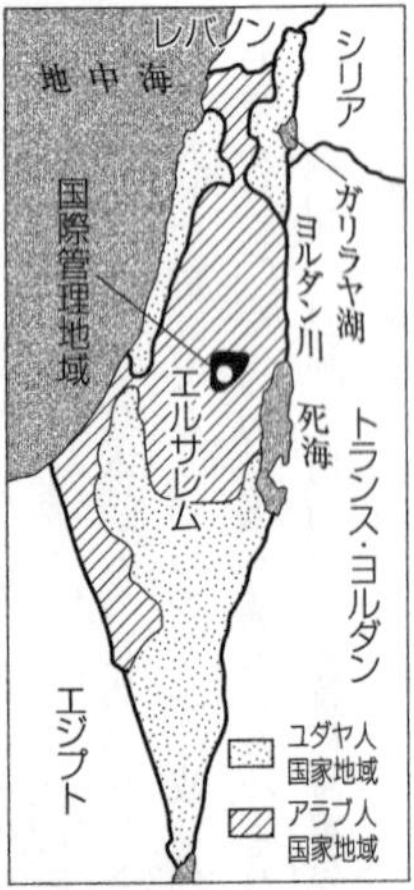

一九四七年一一月、国連によるパレスティナ分割決議

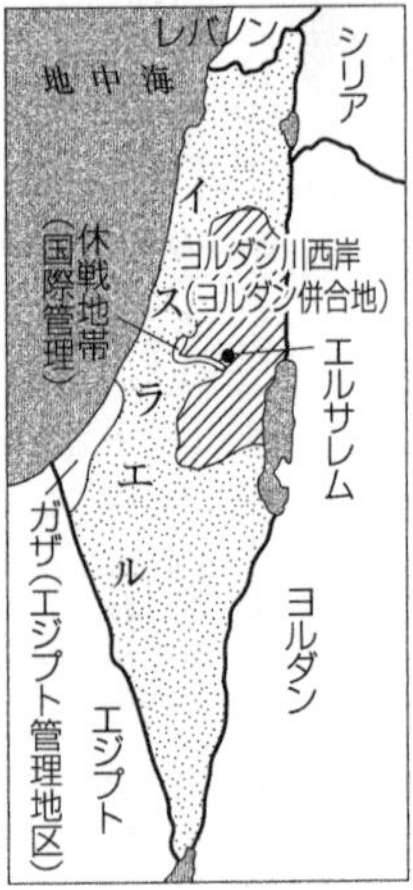

一九四九年パレスティナ戦争終結後のパレスティナ

分割されたパレスティナ

スーケニークが写本と瓶を購入した当日、四七年一一月二九日に、国連総会でパレスティナ分割案（パレスティナをユダヤ人国家とアラブ人国家とに分割しようとするもので、ユダヤ側に有利、アラブ側に不利。図版参照）が可決された。

一九二二年から四八年まで続いたイギリスによるパレスティナ委任統治期間に、ヨルダン川をはさんで、東は「トランス・ヨルダン」、西（ほぼ現在のイスラエル領に当たる）は「パレスティナ」と呼ばれ、東には二三年、イギリスの委任統治領トランス・ヨルダン首長国が成立していた。

四七年二月にイギリスは委任統治権の放棄を決意したが、イギリスは駐留権を認めさせる代わりに、軍事上財政上の援助をトランス・ヨルダンに与えることを約束した。同年トランス・ヨルダン首長国はトランス・ヨルダン王国（四九年六月に「ヨルダン・ハーシム王国」と改称）となり、独立を宣言した。クムラン写本の最初の発見は、ちょうどこの時期に当たる。

四八年五月のイスラエル建国宣言の直後、近隣のアラブ七ヵ国とイスラエルとは約一五ヵ月におよぶ戦争に突入した。

戦争終結後、先の国連決議の国境線よりはイスラエル領が大幅に拡大したが、ヨルダン川西岸地区（West Bank）はヨルダン王国が占領（ガザ地区はエジプトが管理）、エルサレムは分断され、旧市街（古代ないしビザンツ時代の城壁に囲まれた部分）を含む東エルサレム地区はヨルダン領になり、西地区はイスラエル領となった（ほぼこの状態が一九六七年まで続く。イスラエルは現在に至るまで国連決議に違反してパレスティナ人の居住地域を占領し続けている）。

クムランを含む死海北西岸一帯はヨルダン川西岸地区に含まれており、ヨルダン政府はクムラン写本の所有権を主張した。このような複雑な事情が、その後の写本の運命に暗い影を落とすことになる。

「現代における最も重要な写本」

さて、前記の、サムエル大主教は、さまざまな機関や個人に手持ちの写本の鑑定を頼んだが、その価値を正当に評価して、その重要性にふさわしい対応を取ってくれる人物を見出すことができなかった。

四八年一月に、別の仲介者キラズの手を経て、サムエル大主教所有の写本の一部がスーケニークの目に触れた。彼は当然ながらその価値を認め、すでに入手していた三つの写本の仲間であると考え、購入を熱望したが、実らなかった。値段の折り合いがつかなかったためとも（キラズによればスーケニークの申し出た購買額は二〇二五ドル）、民族・宗教の違いが障害になったためとも言われている。いずれにせよ、スーケニークはそれらの写本の内容が古代のエッセネ派と関わりがあると推測・判断した最初の学者である。

聖マルコ修道院からそれほど離れていない東エルサレム地区にあるアメリカ・オリエント研究所に写本がたどり着いたのは、大主教が四つの写本を入手してから約半年後のことであった。

四八年二月の後半に、同修道院所属の修道士ソウミーが研究所を訪れて、若き学者J・トレヴァーの手に写本を委ねたことによって、写本はようやく日の目を見ることになる。

写本を見た彼は、そこに記されたヘブル文字が、紀元前二〜前一世紀頃と推定されるナッシュ・パピルス（出エジプト記二〇2以下と申命記五6以下による十戒と、申命記六4－5のシェマー〈朝夕の祈り〉を含む、当時としては旧約聖書最古の写本断片）に酷似していることに仰天した。

当時、研究所に属していた他の二人の米国人の学者たち（W・ブラウンリーと所長のM・バロウズ）もいち早く写本の価値を認め、写真に撮り（その後写本は修道院に返された）、ただちに学術的検討を開始した。

トレヴァーは旧約聖書イザヤ書を記した写本の二枚の写真を、当時、聖書考古学とセム語碑文学の大御所であったW・オールブライト（米国のジョンズ・ホプキンス大学教授）に送った。四八年三月一五日に、オールブライトからの返事が研究所に届いた。有名なこの書簡には、次のように記されていた。

現代における最も重要な写本の発見に対して、心からお祝い申し上げます。私は、その字体がナッシュ・パピルスのものよりさらに古いと確信します。……拡大鏡であの文字を見た時に、私がどんなに眼を見張ったことか。まったく信じがたいような発見！　あの写本が本物であることについては、嬉しいことに、疑いの余地はまったくありません。

これと並行して、サムエル大主教は、アメリカ・オリエント研究所に対して、三年以内の写本の公刊許可と、そこから生ずる収益を折半するという契約書に署名した。

三月二五日に、安全確保のため写本はベイルート（レバノンの首都）へ運ばれ、その後一〇日ほどの間に、右記の三人の米国人の学者たちも戦火を逃れて、あわただしく帰国した。ほどなくして、聖マルコ修道院は砲火に見舞われ、ソウミーは戦死した。まさに危機一髪のタイミングであった。

写本はイスラエルへ

サムエル大主教は、写本の価値を最初に認めた米国の学者たちの勧めにより、一九四九年一月に写本を携えて米国へ行った。写本は米国各地で展示され、大主教は購買者（機関）を探したが、徒労に終わった。

関係者のいらだちをよそに、月日が流れ、一九五四年六月、大主教は「ウォール・ストリート・ジャーナル」紙に、手持ちの死海写本全四巻の売却広告を載せた。このことが、たまたま米国に滞在していたイスラエルのY・ヤディン（前年に死亡したスーケニークの息子で、イスラエル建国以前には反アラブ地下組織ハガナの一員。建国後イスラエル軍参謀総長、ヘブル大学教授、さらにその後イスラエル副首相を歴任）に知らされた。

大主教には宿敵イスラエルに写本を売る意思はまったくなかったが、彼の目を欺《あざむ》く代理人の手を通して、結局二五万ドルでイスラエル政府が写本を購入し、それらは密かにイスラエル（ヘブル大学）へ運ばれた（五五年二月）。

サムエル大主教は、一九九一年のインタヴューに答えて、「私は巻物がイスラエルに運ばれてしまうとは夢にも思わなかった。今は売ってしまったことを後悔している」と述べている。彼は、個人的な欲望から高値で写本を売ったのではなく、自分の所属する教会とそれに連なる人々を援助するための資金を手に入れようとしたのであるが、皮肉なことに、アメリカの所得税法により、売却金のほとんどをアメリカ政府に納入させられた。

右に紹介した写本の本文は、一九四八年から五六年までの間にすべて公刊され、相次いで各国語に翻訳された。

今ではこれらの写本は、イスラエル国立博物館付属の建物（The Shrine of the Book）の中に、他の関連遺物と並んで展示されている（カバー写真参照）。以上はクムラン写本の物語の第一幕であり、発見と流浪の物語はさらに続くのである。

さらなる発見

クムラン写本の存在が知られるようになって以来、クムラン周辺の洞窟の探索が重ねられ、洞窟近くの遺跡（ヒルベト・クムラン）を含む、学術的な発掘調査が組織的に行われるようになった（一九四九年～五八年）。

正規の発掘と写本探索は、主としてヨルダン古物管理局局長G・L・ハーディング（イギリス人）と、カトリック系のエルサレム聖書学考古学研究所（略称「エコール・ビブリック」。ヨルダン領、東エルサレム地区内）所長R・ドゥ・ヴォー（フランス人。カトリックのドミニコ会士。三四年以降エコール・ビブリック教授、四五年〜六五年同所長）の指導の下に続けられた。

ちなみにドゥ・ヴォーの所長期間中に同研究所は、現在に至るまで評価の高い「エルサレム聖書」（仏語訳）を刊行している。この仏訳聖書は、英訳や独訳も出版されている。

こうして、洞窟の近くにあった、古代のユダヤ教の修道院的な建物の遺跡の実態・歴史が解明されるとともに、発見順に一から一一まで番号を振られた洞窟から次々と写本が発見された。言うまでもなく、最初に写本が持ち出されたのが第一洞窟である。写本は出土洞窟の数字の後にQ（Qumran、クムラン）という略号を付し、1Q1（クムラン第一洞窟出土第一番写本）のように番号を付けられた。

第一洞窟のほかに、比較的重要な写本を含んでいたのは、第三、第四、第一一洞窟である。第三洞窟からは欧米人が洞窟内で発見した唯一のまとまった長さを持つ「銅の巻物」が出土した。銅板に刻まれた本文には、多量の貴金属の隠し場所が記されているが、貴金属は未発見である。

最も重要なのは第四洞窟で、そこからは無数の写本断片という「宝」の山が発見された。全一一の洞窟の内、第一、二、三、六、一一は自然の洞窟で、第四、五、七、八、九、一〇は人工の洞窟である。これら一一の洞窟から発見された写本（ほとんどが断片的）は約九〇〇を数えるに至っているが、その内、約五〇〇の写本が第四洞窟から発見された。

さらに探索の手はクムラン周辺から死海の北西岸一帯（ヨルダン領内）へと広げられ、他の遺跡や遺物とともに、多くの重要な写本類が発見されるに至った。

厳密に言えば、死海写本はそれらの総称であり、クムラン写本はその一部（クムランの一の洞窟から発見された写本）ということになるが、一般にクムランの洞窟から発見された写本を「死海写本」と呼んでいる。

国際チームで写本公刊へ

出土した写本は、東エルサレムにあるパレスティナ考古学博物館（一九二九年にロックフェラー財団の基金により建てられたため、「ロックフェラー博物館」とも呼ばれる。一九四八年以降は独自の基金によって国際的な理事会が管理。一九六六年にヨルダン政府が国営化）に集められた。

とりわけ、第四洞窟から約一万五〇〇〇とも言われる多量の写本断片が収集されたのをうけて、これらの写本断片を整理して公刊するために、一九五三年から五四年にかけて全世界から有力な学者たちの推薦により比較的若手の専門家たちが集められた。

アメリカからはF・M・クロス（プロテスタント長老派、後にハーバード大学教授）、P・W・スキーハン（カトリック司祭）、フランスからはJ・D・バルテルミー（ドミニコ会士）とA・J・スターキー（カトリック司祭）、P・ブノワ（ドミニコ会士）、ポーランドからはJ・T・ミリク（カトリック司祭）、イギリスからはいずれも大学院生のJ・アレグロ（マンチェスター大学）とJ・ストゥラグネル（オックスフォード大学）、西ドイツからはC・H・フンツィンガー（ゲッティンゲン大学）が参加した。

この九名からなる国際チームのメンバーは、宗派的にも国籍の面でも、多様な人々からなっており、エコール・ビブリックのドゥ・ヴォーが全体を統括した。なおフンツィンガーは数年でこのチームを離れ、一九五八年に後任としてM・バイエ（フランス人、カトリック司祭）が加わった。この中にユダヤ（イスラエル）人が入らなかったのは、当時の政治情勢によりやむを得ないことであった。

多量の写本断片を整理する作業は、どの断片が同じグループ（文書）に属するかもわからず、しかも構成要素の足りないジグソーパズルを組み立てるようなものであり、高度の専門知識と忍耐を要する、困難な仕事であった。その成果である正式の公刊を含むこの作業全体の予想以上の遅れが、後に非難されることになる。

しかし、国際チームの人選が恣意的《しいてき》であったとの非難は当たらないし、ましてや、カトリック教会（ヴァティカン）がこの作業をコントロールし、歪め、教会にとって都合の悪い内容を含む写本を隠してきた、などというのは、クムラン写本の研究の歴史と実態を知らない者のみがなし得る、ためにする攻撃にすぎない。

「銅の巻物」と「異才」アレグロ

国際チームの中で異彩を放っていたのはＪ・アレグロである。もともと彼は、メソジスト教会の牧師になることを志していたが、言語学（一九五四年にマンチェスター大学の比較セム語学担当の講師となる）とクムラン写本の研究の結果、キリスト教の起源に関する伝統的な立場は誤りであると確信するに至り、教会との関係を断った。彼は「一九五六年、ＢＢＣ放送に出演して、栄光のうちに帰還することを期待されている十字架につけられたメシアをクムラン宗団が礼拝していることを記したテキストを発見したと語った」（クック・六五頁。巻末の文献表を参照）。

それに対して、ドゥ・ヴォー、ミリク、スターキー、スキーハン、ストゥラグネルは連名で次のような公開書簡を発表した。

「私たちはテキストの中にアレグロ氏の「発見」を認めることができません。彼は、テキストを読み間違えたか、さもなければ、資料の支持していない一連の推論を組み立てたのだと、私たちは確信しています」（クック・六六頁）。

アレグロはとりあえず主張を撤回したが、他のメンバーとの関係は気まずいものとなった。さらに彼は、「銅の巻物」を巡っても問題を起こした。彼は「銅の巻物」をマンチェスター大学理工学部へ持ち込んで、一九五六年にそれを開かせるのに成功したのである。

「銅の巻物」は埋蔵された膨大な宝物のリストで、多くの同僚はその内容をフィクションであると考えたが、アレグロはその内容は事実に基づくものと考え、一九五九年から翌年にかけて埋蔵金探しの発掘を行ったが、宝物は見つからなかった。その際彼は、「ヒルベト・クムランの遺跡の一部を損壊し、ドゥ・ヴォーを激しく怒らせた」（クック・六九頁）。

それでも彼は宝物発見の夢を捨てず、かつてユダヤ教のエルサレム神殿が存在していた丘を掘り返すことを提案して、「エルサレム中を驚愕させた。彼の計画はヨルダン軍の介入によって実行をはばまれた」（クック・同頁）。

さらにアレグロは、「福音書は実のところエッセネ派の文書であり、……福音書中の人物たちはおそらく「神話」なのであろう」と考え、「福音書を「魔術の手引き書」と」呼び、一九六七年一〇月には「近い内に新発見を公刊する予定である。これはキリスト教の根源を「私たちが誰一人かかわりたくない男根崇拝、麻薬吸飲の神秘信仰」までたどってみる発見」であり、キリスト教の起源は麻薬の幻覚症状にある、と断定した（ウィルスン・一七八〜一八一頁）。

そして、その著書『聖なるキノコと十字架』（*The Sacred Mushroom and the Cross*. London, 1970）において、ユダヤ教の神も族長たちもキリスト教も、その起源を古代の豊穣神崇拝に持ち、その豊穣神崇拝の中心にあるのは、聖なる毒キノコの崇拝である、と論じた。彼は同じ年（一九七〇年）にマンチェスター大学の職を辞した。

一つだけアレグロを弁護すれば、彼は与えられた仕事をチームの他の誰よりも迅速にこなし、第四洞窟から出土した写本のうち、彼が担当した分を、他の仲間たちに先駆けて一九六八年にＤＪＤ（正式に公刊された死海写本シリーズ。後述）の第五巻として公刊した。しかし残念ながらその仕事の内容は、他の学者たちから不正確であるとみなされ、一九九七年にＤＪＤ第五巻の改訂版が出版された。

彼をチームに推薦したマンチェスター大学セム語科主任教授Ｈ・Ｈ・ロウリーは「アレグロ君、アダージョ（「ゆるやかに、ゆっくりと」を示す音楽速度標語。「アレグロ」は「速く」を示す）だ、アダージョでやりたまえ」と忠告したとのことである。

2　写本公刊の波乱

六日戦争

一九六七年六月の第三次中東戦争（通称「六日戦争」）は、この地域の地図を塗り替え、この後の中東情勢に深刻な影響をおよぼした。東エルサレムや死海北西岸一帯を含むヨルダン川西岸地区全域が（ゴラン高原やシナイ半島とともに）、イスラエル軍による電撃的な攻撃によって制圧され、イスラエル領となったのである。

パレスティナ考古学博物館も銃砲による攻撃を受け、イスラエル政府（古物管理局）の管轄下に置かれることになった。

しかし、イスラエル古物管理局が死海写本を発見するまでには、四週間を要した。それらは地下の陳列ケースの後ろの壁の中に隠されていた貴重品保管庫の中に収納されており、その中から発見されたのは第四洞窟と第一一洞窟の写本断片であった。ただし、「銅の巻物」と第一洞窟出土の断片的な写本は、ヨルダンのアンマン博物館に移されており、現在に至っている。

これら一連の経緯について欧米の研究者たちはこぞって不快感を抱いた。クックによれば、「その中には、親アラブ派のドゥ・ヴォーや、第四洞窟チームの数人のメンバー、特にスキーハン、スターキー、ミリクなどがいた（アレグロも反イスラエルの闘士であったが、彼に割り当てられていた第四洞窟資料をすべて、一九六八年までにはすでに公刊していた）。ドゥ・ヴォーは最初イスラエルの占領に抗議して、聖書学研究所での彼の仕事を続けることを拒否していた。スキーハンに割り当てられた聖書本文は……印刷に回す準備ができていたが、彼はイスラエルの後ろ盾のもとに公刊されることを拒んだ」（八〇〜八一頁）。

スキーハンが刊行準備を済ませていた内容は、ようやく一九九二年にDJD第九巻として、E・アルリクらの手によって公刊された。ドゥ・ヴォーとヤディンおよびイスラエル古物管理局局長A・ビランが会談した結果、国際チームの作業はイスラエル側からの干渉を受けることなく従来通り続けられることになった。国際世論に配慮した結果である。

しかし、東エルサレムにいた反シオニズム・親アラブの学者たちは、西エルサレムに足を踏み入れようとせず、さらに、ミリクなどはエルサレムで仕事をすることを拒み、六日戦争以降、一度もエルサレムに戻らなかった。しかし、イスラエル側は、写本の公刊を急ぐよう要求した。一九六七年までに、DJDシリーズはわずか四巻しか刊行されていなかった。

これと並行して、ヤディンはイスラエル軍の助けを得て、前にも登場したベツレヘムの古物商カンドーを強制連行・監禁し、五日間の尋問の後、彼が隠し持っていたクムラン出土写本を強制的に収用した（ただし、後にカンドーが起こした訴訟の結果、イスラエル政府は彼に一〇万五〇〇〇ドルを支払った）。カンドーから入手した写本の中には、クムラン写本中最長の「神殿巻物」（約九メートル）が含まれていた（一九七七年に公刊）。

こうして死海（クムラン）写本はイスラエル政府の管理するところとなったのである。

一九七一年九月一〇日にドゥ・ヴォーが冠状動脈血栓症のため死亡し、ブノワが国際写本チームの統括責任者となった。

シリーズ名は「DJD」に

ブノワとヤディンおよびビランとが交渉し、イスラエル側は、正式な死海写本本文公刊のシリーズのタイトルを、従来の Discoveries in the Judaean Desert of Jordan から Discoveries in the Desert of Judah of Israel と改めるよう求めた。交渉の末、結局 Discoveries in the Judaean Desert（略称DJD）とすることになったが、DJDシリーズの出版を再開する正式の合意が得られたのは一九七三年一月のことである。

この時までにDJDシリーズはわずか五巻しか発行されていなかった。特筆すべきは、イスラエル側からの要請（圧力？）を受けて、ブノワの在任中にE・トーブとE・キムロンの二人のイスラエル人学者が国際チームに加わったことである。

DJDの第六巻はようやく一九七七年に出版されたが、それは「ドゥ・ヴォーが残した第四洞窟に関するいくらかの考古学的情報と、第四洞窟出土のテフィッリーンとメズーザーのテキストしか含んでいなかった」（クック・八三頁）。

テフィッリーン（tephillin　英訳 phylacteries　邦訳「経札」ないし「祈りの革紐」）とは、小さい四角の黒い革製の箱で、中に旧約聖書の四ヵ所の聖句（元来は、出エジプト記一三2–17〈十戒〉、申命記六4–9〈シェマー〉、一一13–21〈シェマーの第二パラグラフ〉、民数記一五37–41。後代に最初と最後の聖句は出エジプト記一三2–10と11–16に代えられた）を記した羊皮紙が入っており、一三歳以上の男性ユダヤ人がウィークデイの朝の礼拝の際に左腕の上膊部《じょうはくぶ》と額に装着するものである。

メズーザー（mezuzah　英訳 doorpost＝doorjamb）とは、申命記六9と一一20の指示に従って、家の入り口の側柱に取り付けられる、いくつかの聖句を記した羊皮紙の小さな巻物である。

このような（見方によっては）貧弱な内容の出版に、多くの学者たちは落胆し、いらだちをつのらせた。国際チームの仕事が遅れただけでなく、チームが研究中の写本を部外者に見せたがらなかったことも加わって、非難の声が次第に高まった。

遅れる公刊

一九七七年に、高名な初期ユダヤ教・クムラン研究者でオックスフォード大学教授のG・ヴェルメシュは、ダンディー大学で行われた講演の中で次のように語った。

（死海写本が）最初に日の目を見てから三〇周年記念にあたる今、世界中の人々が、クムラン写本とバル・コクバ資料（後述）の公刊に責任ある者たちに対して、この嘆かわしい状況にどう対処するか尋ねる権利がある。なぜなら、早急に思い切った手段を取らなければ、最も偉大で価値あるヘブル語とアラム語の写本の発見は、二〇世紀最大の学問的スキャンダルになりかねないからである。

ＤＪＤの刊行は相変わらず進捗せず、一九八二年にようやく第七巻が出たが、八〇年代に出たのはこれ一巻のみであった。

ブノワは一九八七年に死去し、後任にはチーム発足時には大学院生であったストゥラグネルが就任した。多くの「第一世代」の研究者たちが「第二世代」に道を譲り始めていた。先述のようにドゥ・ヴォーは（オールブライトと同じく）一九七一年に死去し、バロウズとスキーハンは八〇年に、ヤディンとブラウンリーは八四年に、スターキーとアレグロは八八年に死亡した。

ストゥラグネルのもとで国際チームはメンバーを増強した。クロスは弟子で米国人のE・アルリクに、自分に委ねられている仕事への協力を要請した。「ストゥラグネルもまた、いくつかのテキストを彼の学生に手伝わせたり、彼に任せられているテキストをイスラエルの学者たちと協力して研究した」（クック・九一頁）。また、「スキーハンのテキストはアルリク……に、スターキーのテキストはE・ピュエシュ（エコール・ビブリック所属）に「引き継がれて」いた」（クック・九二頁）。

非難合戦

しかし、ストゥラグネルのもとでもDJDの出版は一向に進まず、死海写本発見四〇周年には、学者たちの怒りは爆発寸前であったが、ストゥラグネルは火に油を注ぐような態度をとり、以下のように発言した。

私は、学者たちが、私たちの仕事が遅いことを嘆くかわりに、すでに発表されている書物を注意深く読むのに専念するよう勧めたい。……私ばかりでなく、あなた方にとっても、研究すべきことは十分にある……（クック・九〇頁）。

ストゥラグネルは一九八八年に旧約聖書本文以外の死海写本のコンコーダンス（語句索引。すでに五〇年代から六〇年代にかけて作られていた）を三〇部作成し、そのタイトルページに、「ハーバード大学教授ジョン・ストゥラグネルのために」私的に印刷されたものであると断った。

このような閉鎖的な姿勢に対して、H・シャンクス（『聖書考古学誌』*Biblical Archaeology Review* の編集出版責任者）とR・H・アイゼンマン（カリフォルニア州立大学ロングビーチ校教授）は、とりわけ激しい批判を展開した。

イスラエル古物管理省は、一九九〇年一二月、余りにもあからさまな反ユダヤ思想的な言説（失言）の故にストゥラグネルを解雇し、後任としてトーブが国際チームの統括責任者（DJDの編集責任者）となった。

トーブは作業の迅速化をはかり、多くのイスラエル人を含むメンバーをチームに加え、総員七〇名以上を数えるに至った。そしてトーブは一九九七年までに未公刊の全写本の正規の公刊を終えることを約束したが、この約束は果たされなかった。

写本の全容、ついに公刊

一九九一年に、状況が劇的に変化した。未公開・未公刊の写本の早期の公開を求める学界や世論の高まりを背景に、ついに写本の全容が公にされたのである。以前から国際チームによって作成されていた前述のコンコーダンスをもとに、米国の二人の学者が、コンピュータを利用してクムラン写本の内容を復元し、第一巻を同年九月に公刊したのである（B.Z.Wacholder and M.G.Abegg, *A Preliminary Edition of the Unpublished Dead Sea Scrolls:The Hebrew and Aramaic Texts from Cave Four*, Vols.1－4. Washington, 1991－1996）。

これは言うまでもなく、クムラン写本の実物に基づくものではなく、コンピュータで復元された本文がどこまで実物と一致するかについては疑問があった（約九八パーセントの正確さであるとも言われる）。しかも、正式・公式の公刊ではなく、写本の解読と「構成要素の欠けているジグソーパズルの組立」という困難な仕事をコツコツと続けてきた国際チームの有する一種の知的所有権ないし著作権に対する侵害とも考えられる。このため、この出版に関して、学者たちの見解は賛成と反対に二分した。

同じ九月の二二日、復元本文の出版にうながされて、ハンティントン図書館（南カリフォルニア）が、手持ちのクムラン写本の写真の公開（自由な閲覧）を決定・公表した（マイクロフィルムの形での販売も開始）。これは、公開禁止を約束した上で写本のマイクロフィルムを所有していた人物から、同図書館が譲り受けていたもので、同図書館自体が正式の約束に関わっていなかったとしても、法的倫理的に問題がないとは言えなかった。しかし、いったん動き出した流れを押し止めることは、もはや不可能な状況であった。

こうして同年一〇月二七日にイスラエル古物管理省は写本の写真の自由な閲覧を許可し、続く一一月二五日、国際チームの責任者は、自由な閲覧に加えて公刊の自由を宣言し、ついに一九九三年四月にはイスラエル古物管理省の監修の下に「正規の」マイクロフィッシュ（約六四〇〇の写真を含む）が公刊された（E.Tov and St.Pfann（eds.）, *The Dead Sea Scrolls on Microfiche*. Leiden: Brill）。

また、一九九一年一一月一九日には、別のルートから漏洩《ろうえい》した死海写本のファクシミリ版が公刊された。これをきっかけに、さまざまな形で写本が公刊され始めた。このファクシミリ版を含めた一九九九年までの主な刊行書は四〇〜四一頁に示したとおりである。

こうして、一九九一年以降、堰《せき》を切ったように写本の公開・出版と現代語訳が相次ぎ、死海写本の全容が明らかになるとともに、これによってヴァティカン（ないしキリスト教会）にとって都合の悪い（ましてや破滅的な打撃となるような）内容などどこにもないことが、疑問の余地なく明らかになった。

それはさておき、先に述べた「海賊出版」に関する法的倫理的な問題は、なお解決しているとは言い難い。国際チームの一員キムロンが起こした、「再構成」された本文の著作権（版権）と精神的苦痛に関する訴訟について、一九九三年三月二〇日、エルサレムの裁判所は、一〇万シェケル（約四万三〇〇〇ドル）の支払いを、先に挙げたファクシミリ版の刊行者（H・シャンクス）らに対して命じ、「再構成」本文の著作権を確認した。出版者側はこれに納得せず上訴したが、イスラエルの最高裁は二〇〇〇年八月二〇日、エルサレムの裁判所の決定を支持して結審した。

なおDJDは二〇一一年に二巻が刊行され、全四四巻をもって（一応？）完結しているようである。

クムラン写本と遺跡とが我々に示しているものについて概観する前に、第二章で、ヘレニズム時代以降のパレスティナを中心としたユダヤ民族の歴史を簡単に振り返ってみたい。以下では、紀元前は「前」、紀元後は「後」と略記するが、文脈から明瞭な場合は「前」「後」を省略する。

なお筆者は、クムラン写本を残した人々は、洞窟近くの遺跡に住んでいた人々であると考え、彼らを仮に「クムラン宗団」と呼び、クムラン宗団はヘレニズム・ローマ時代のユダヤ教の重要な部分を構成していたエッセネ派の少なくとも一部、それも中核的な一部であり、クムラン遺跡はおそらくエッセネ派の中核的な施設であったであろうと考えていることを、あらかじめお断りしておく。エッセネ派については、巻末のエッセネ派に関する古代資料を参照されたい。

旧約聖書の外典・偽典

ちなみに、旧約聖書外典・偽典《ぎてん》とは、ほぼ前三世紀頃から後二世紀頃にかけて成立したユダヤ教文献で、旧約聖書の中に入らなかったものである。外典は「七十人（ギリシア語）訳聖書」には収録されたが、ヘブル語（旧約）聖書には収録されなかった諸文書とほぼ重なり合う。

偽典はそのいずれにも収録されなかった古代ユダヤ教文書とほぼ一致する。それらは新約聖書の背景となる時代に、ユダヤ教が旧約聖書をどのように読み、理解し、解釈していたかを示す貴重な資料である。

これらについてより詳しくは、拙著『旧約聖書外典偽典概説』（二〇一〇年、教文館）と『七十人訳聖書入門』（二〇一五年、教文館）を参照されたい。

○近代語訳

Florentino García Martínez, *The Dead Sea Scrolls Translated*. 2 vols.（Leiden: Brill, 1994, 1996）（1992年に出たスペイン語版の増補改訂版で、W.G.E.Watsonが英訳）

Johann Maier, *Die Qumran-Essener: Die Texte von Toten Meer*, 2 vols.（Müchen, Basel: Ernst Reinhardt Verlag, 1995）

M.O.Wise, M.Abegg Jr. and E.Cook, *The Dead Sea Scrolls: A New Translation*（HarperSanFrancisco, 1996）

Geza Vermes, *The Complete Dead Sea Scrolls in English*（New York and London: Penguin Books, 1997）（これはヴェルメシュによる*Dead Sea Scrolls in English*〈初版1962年〉の第5版にあたる）

M.Abegg Jr., Peter Flint and Eugene Ulrich, *The Dead Sea Scrolls Bible. The Oldest Known Bible. Translated for the First Time into English*（HarperSanFrancisco, 1999）（クムラン写本を用いて再構成された旧約聖書で、たとえば、創世記二二14の伝統的なマソラ本文では「yhwh yir'eh＝ヤハウェ〈伝統的にはアドーナーイと読む〉・イルエー＝ヤハウェ〈伝統的に「主」Lordと訳す〉はご覧になるであろう」となっているところが、ヤハウェの代わりに死海写本本文ではエローヒーム〈一般的に「神」を意味するヘブル語〉となっていることなどが、すぐにわかる便利な書物）

なお、J・H・チャールズワースの監修のもとに、1994年以降、The Princeton Theological Seminary Dead Sea Scrolls Projectが、原典と英訳を見開きページに載せたシリーズを刊行中である。現時点で7巻が出版済み。

公刊された死海写本

○ファクシミリ版

A Facsimile Edition of the Dead Sea Scrolls, prepared with an Introduction and Index by R.H.Eisenman and J.M.Robinson, with a Publisher's Foreword by H. Shanks（2vols. Washington, DC: Biblical Archaeology Society 1991, 1992）

○ CD-ROM 版

E.Tov（ed.）, *The Dead Sea Scrolls Database*（Non-Biblical Texts）, The Dead Sea Scrolls Electronic Reference Library, Prepared by the Foundation for Ancient Research and Mormon Studies（第 1 巻〈イメージデータ版〉は Oxford University Press とライデンの Brill 社から 1997 年に、第 2 巻〈テキストデータ版〉は 99 年に刊行）

○書籍

R.Eisenman and M.Wise, *The Dead Sea Scrolls Uncovered.*（Shaftesbury, U.K.: Element Books; Penguin Books, 1993）（比較的小冊で、ヘブル語原典に英語の訳と解説が付き、廉価）

Florentino García Martínez and Eibert J.C.Tigchelaar（eds.）, *The Dead Sea Scrolls Study Edition.* 2 vols.（Leiden:Brill）（左頁に写本の原文を、右頁に英訳を付けたもの）

Annette Steudel（ed.）, *Die Texte aus Qumran,* II（Darmstadt: Wissenschaftliche Buchgesellschaft, 2001）（左頁に原文〈マソラ式母音符号付き〉を、右頁に独訳を付けたもの。解説・註もある。E.Lohse（ed.）, *Die Texte aus Qumran: Hebräisch und deutsch*〈Wissenschaftliche Buchgesellschaft, 1971〉の続巻）

第二章　死海写本の背景——ヘレニズム・ローマ時代のユダヤ史

1　エジプトの支配

アレクサンドロス大王、アレクサンドレイアを建設

マケドニア王国のアレクサンドロス大王は、父ピリッポス二世の暗殺（前三三六年）をうけて、二〇歳でマケドニア王となり、同時に父王が前年成立させたばかりのヘラス（コリント）同盟（スパルタを除くギリシア諸都市が参加）の盟主となり、マケドニア・ギリシア連合軍の総指揮官として、東方遠征に乗り出した。

彼は前三三三年にイッソス（小アジアの付け根の地中海に面した地）でダレイオス三世率いるペルシア軍を撃破すると、翌年、余勢を駆って東地中海の沿岸地域一帯を確保した——この過程で、パレスティナのユダヤ民族もペルシア支配からアレクサンドロスの勢力下へと移された。さらに進んでエジプトをも制圧したアレクサンドロスは、後に文化的経済的にヘレニズム世界最大の都市となるアレクサンドレイアの建設に着手した。

前三三〇年にペルシア帝国を滅亡させたアレクサンドロスは、さらにインドへ長征し、大帝国を築いた。

彼は、新たな帝国の首都と定めたバビロンにおいて、前三二三年初夏に三三歳の若さで病歿したが、彼の東方遠征によってギリシア語とギリシア文化を共通要素とする広大なヘレニズム世界が成立し、ユダヤ民族もこの世界を構成する一員として、ヘレニズム文化の渦の中に巻き込まれていくことになる。

なお、前三三〇年頃ないし前四世紀終わり頃に、おそらくシケムの町の再建と関連して近

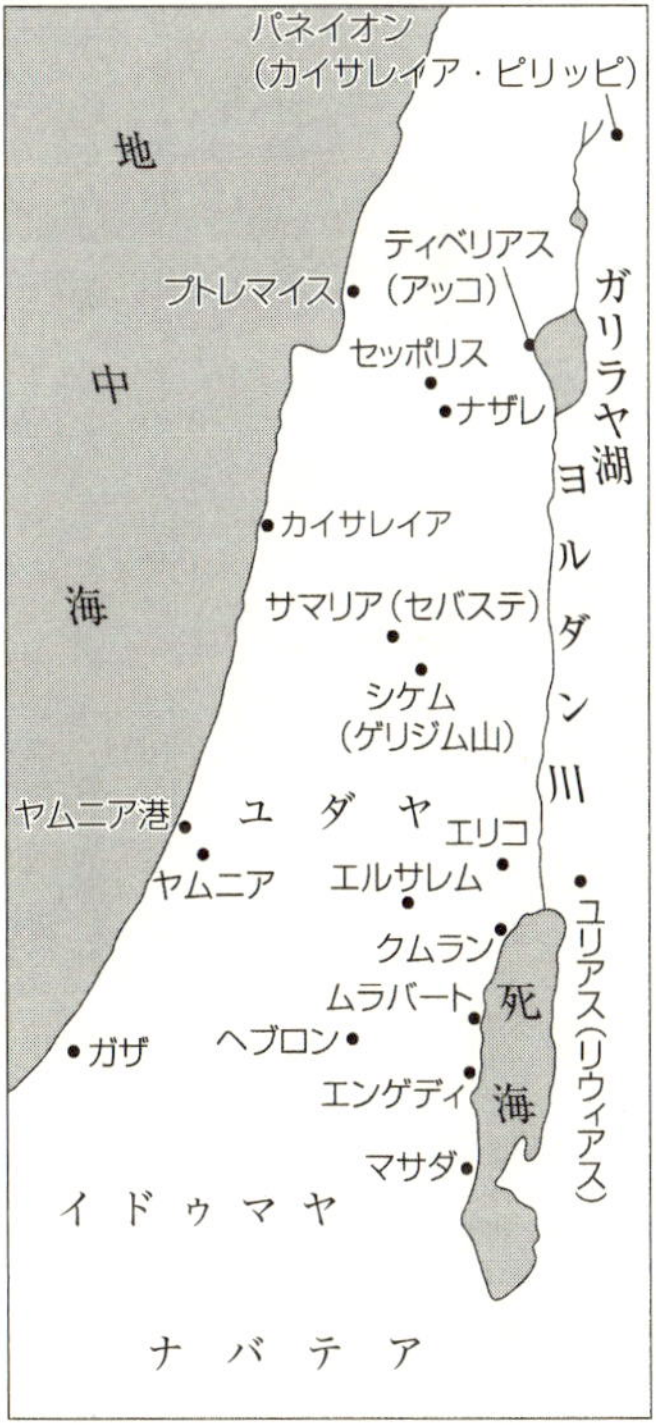

ヘレニズム・ローマ時代のパレスティナ

郊のゲリジム山上にユダヤ教の神殿が建立された。シケムに住み、ゲリジム山の神殿で礼拝していた人々が、後の「サマリア人」の先祖と考えられているが、この時代には、まだエルサレム神殿を中心とするユダヤ人共同体に対する分派的な性格は持っていない。また、おそらくすでにアレクサンドロスの生前に、パレスティナにおける最初のヘレニズム都市となったサマリアの住民と、後の「サマリア人」とは区別される（コギンズを参照）。

ユダヤ民族はエジプトの支配下に

アレクサンドロス大王の突然の死により、新しい帝国は分裂崩壊の危機に見舞われ、以後数十年にわたって、大王の将軍たちが互いに領土拡大を求めて覇《は》を競い離合集散を繰り返す、後継者（ディアドコイ）戦争が続き、コイレ・シリア（ユダヤ民族の住むパレスティナを含むシリア南部）の統治者もめまぐるしく変化した。

前三〇一年のイプソス（小アジア中央）の戦いの結果をうけて、プトレマイオスがエジプトを（プトレマイオス王朝の成立）、セレウコス（セレウコス王朝を創設）がシリアとその東方一帯を、それぞれ領有支配した。コイレ・シリアの地は、プトレマイオスが横取りし、ユダヤ民族は前二〇〇年頃まで基本的にエジプトの支配下に置かれることになる。

イプソスの戦勝者の間でコイレ・シリア地域の領有を認められたセレウコスは、領有権の主張を放棄したわけではなく、前三世紀を通じてこの地域の支配を巡り、プトレマイオス朝とセレウコス朝の間で戦いが繰り返された。

この、おそらく五次におよぶシリア戦争の経緯の一部が、ダニエル書一一章に、「北の王」（セレウコス朝の王）と「南の王」（プトレマイオス朝の王）の戦いとして、大きな関心をもって記録されている。

パレスティナのユダヤ民族は、周辺各地に次々と現れるヘレニズム（ギリシア風）都市や軍事駐屯地（要塞）などを中心として流入するギリシア文化の波に加えて、前四世紀終わり頃から断続的に続く周辺諸勢力間の争いに翻弄《ほんろう》され続けた。

前四世紀終わり頃に、自主的な比較的少数の（前三一二年頃？　親プトレマイオス派？）、あるいは強制連行による多数の（前三〇一年頃？　ゼカリヤ書一四1以下のエルサレム陥落に伴う悲惨な状況の描写参照）、ユダヤ人のエジプト移住を伝える伝承の信憑性は高いとは言い難いが、この時期の多数のユダヤ人のエジプト移住そのものの可能性は高く、いずれにせよ、アレクサンドレイアを中心として、前三世紀には相当数のユダヤ人がエジプトに在住した。その中には、前六世紀初頭ないしペルシア時代以来、エジプトに居住を続けたユダヤ人共同体もあったであろう。

中でも、前三世紀前半（ないし初頭頃）にアレクサンドレイアにおいて、モーセ五書（旧約聖書の最初の五文書）がギリシア語に訳されたことが象徴的に示すように、セプテュアギンタ＝七十人訳聖書の始まり。七十人訳聖書の重要性については後述）、同市のユダヤ人たちはギリシア文化との対話にきわめて積極的であり、豊かな成果が残されている。彼らの優れた遺産は後にキリスト教に受け継がれ、初期のキリスト教神学の形成に重要な役割を果たすことになる。

すでに前四世紀の終わり頃にほぼ確定した可能性が高いパレスティナの行政機構は、おおよそペルシア時代のそれを踏襲したものである。

大祭司が宗教的政治的にユダヤ民族を代表する首長であり、徴税の責任をも負っていた。兵士と商人を主体とするギリシア人とマケドニア人は、主として地中海沿岸地域とヨルダン川東部地域に入植定着し、その数を増やしていった。

前二五九年から翌年にかけて、プトレマイオス二世の大蔵大臣の名代であるゼノンなる人物によるパレスティナ全域の視察旅行の記録が、ゼノン・パピルスの中に残されている。彼はエルサレムやエリコをも訪れているが、中でもヨルダン川東部地域（トランス・ヨルダン）の要塞を拠点としてこの地方を統治していたトゥビアス（トビヤ）との親しい関係が注目される。

このトビヤは、おそらくネヘミヤ記に登場するトビヤ（二19、一三4以下他参照）の子孫で、彼の家系は代々トランス・ヨルダン（アンモン人の地）を領有する名家であった可能性が高く、当時エジプトからこの地域の統治を委ねられていたものと思われる。

2　シリアの支配とマカベア戦争前夜

第五次シリア戦争開始後二年、前二〇〇年のパネイオン（ヨルダン川の水源付近。後のカイサレイア・ピリッピ）の戦いにおいてセレウコス王朝のアンティオコス三世大王が、エジプト軍を撃破し、ついに前一九八年、パレスティナを含むコイレ・シリアはシリア王国の支配下に入ることになる。

前一七五年、ギリシア文化の熱烈な信奉者アンティオコス四世がシリア王となり、前一七〇年には北進を開始したエジプト軍に先制攻撃を加えるべく軍をエジプトへ進め、前一六九年秋にシリアへ凱旋した。

しかしエジプト側の不穏な動きを知ったアンティオコス四世は、翌年春、再びエジプトへ侵入し、アレクサンドレイア陥落が目前に迫ったその時、ヘレニズム世界で急速に頭角を現しつつあったローマが登場する。同年六月、マケドニア王国を終焉させたローマは、急遽エジプトへ使節を派遣してアンティオコスのエジプト攻略に介入した。ローマの圧力に屈したアンティオコスは、帰国を余儀なくされた。

このようなヘレニズム世界全体を巻き込んだ抗争の余波が、パレスティナのユダヤ民族を直撃した。

すでに王位に就いた直後から、アンティオコス四世は領土全域へのギリシア・ヘレニズム文化の浸透を進める施策を強力に遂行しており、エルサレムを中心としてユダヤ民族もこの渦の中に巻き込まれ、この動きとも絡んだユダヤ民族内部の（前世紀から引き継がれた）対立抗争も顕在化しつつあった。年代をさかのぼって、この動きを概観しよう。

ユダヤ民族は、アンティオコス三世が宗教・経済（税の減免など）両面にわたる優遇措置を講じたこともあって、エジプトからシリアへの支配の交代を、当初はおおむね好意的に受けとめた。おそらく、親シリアの方針をとる大祭司シモン二世（前二二〇年頃～前一九〇年頃）の存在も幸いしたであろう。ガリラヤ南部からは、地方住民の好意的取り扱いを命ずる王の碑文も発見されている。

前一九〇年頃の成立と推定される旧約外典「ベン・シラの知恵」には、異邦人支配からの脱却を願う言葉はあるものの、差し迫った現実的な響きは感じられず、比較的平穏な生活をうかがわせる箴言《しんげん》に満ちており、とりわけシモン二世をあたかも神の如くに称えていることが注目される。

しかし、比較的穏やかに始まったシリア支配下のパレスティナにも、前一八八年頃以降、徐々に暗い影がさし始めた。アンティオコス三世の子セレウコス四世の時代、シリアの大臣ヘリオドロスのエルサレム神殿侵入とその財宝掠奪の試み（「第二マカベア書」三章によれば神の奇跡的介入により失敗）は、王国の財政建て直しのための各地の神域からの掠奪行為の一環であろう。

資料は、この侵入・掠奪が、経済政策を巡って大祭司オニアス三世（シモン二世の子）と対立した神殿守衛隊長（大祭司に次ぐ地位）シモンのシリア当局への訴えに応えたものであることと並んで、大祭司とトビヤ家のヒルカノスとの親密な関係を伝えており（「第二マカベア書」三章）、オニアス家および高位聖職者たちとトビヤ家を巻き込んだ抗争は複雑な様相を呈してきたことをうかがわせる。

結局、オニアスはシモン一派との争いに敗れ、おそらく追放され（あるいは暗殺され）て、弟のヤソンが大祭司となった。

アンティオコス四世の即位とともに、まずヤソンが、次いで（シモンの兄弟）メネラオスが（ヤソンを裏切って）王に賄賂を約束し、エルサレムのヘレニズム都市化を含むヘレニズム化政策に迎合することによって、大祭司の地位を認証された。ヤソンはトランス・ヨルダンへ逃れた。

大祭司がシリア王により任命されたことは、少なからざるユダヤ人にとって屈辱であり、特に正統な大祭司家に属さないメネラオスの場合は冒瀆《ぼうとく》的ですらあった。

おそらく前一八八年以降に増加した税負担も加わり、人心は反シリアに傾いた。正確な時期は不明であるが、この混乱の中でオニアス三世の子オニアス四世（三世との説もある）はエジプトへ逃れ、ナイルデルタのレオントポリス（アレクサンドレイアの南東百数十キロ）

に神殿を建てて（後七〇年の第二神殿崩壊直後まで存在）、エルサレムに対抗し、エルサレム神殿の権威は相対化された。

続いてエルサレムやゲリジム山の神殿に異教神がまつられ、エルサレム神殿には「荒らす憎むべきもの（異教の祭壇）」（ダニエル書一一31、一二11、「第一マカベア書」一54。マルコ福音書一三14参照）が設置され、シリアによる異教祭儀の強制がユダヤ各地に広がった。

3　マカベア戦争（前一六七年〜前一四二年）

エルサレムの北西約一〇〇キロの町モディンの有力者である祭司マッタティアス（ハスモン家）は、アンティオコス四世による異教祭儀の強制命令を拒否し、シリアの役人とその命令に従おうとしたユダヤ人を殺して、前一六七年、息子たちを含む同志とともに「山」へ逃れた（「第一マカベア書」二28、「第二マカベア書」五27。マルコ福音書一三14参照）。

これに呼応して荒野へ逃れた人々がいたが、安息日にシリア軍に襲われ、安息日の規定に従ってこれに応戦することなく、無抵抗の内に一〇〇〇人が殺された（「第一マカベア書」二29–38。「第二マカベア書」六11をも参照。この人々はエッセネ派の祖先である可能性が高い）。

マッタティアスのグループは、ハシーディーム（「敬虔な者たち」の意）をも加えて、シリアに対する戦いを開始し、安息日にも応戦することにより、字義通りとは異なるトーラー（ユダヤ教の「教え」。九三頁参照）解釈への道を開いた。

この措置に異を唱える者たちもおり、たとえば「第二マカベア書」は、戦闘中もマッタティアス・グループは安息日を守っており、それ故にこそ神の助けを得てシリア軍に勝利を収めることができたのだ、と主張した（八26-29、一二38、一五4）。

ヨセフス（後三七／八年生〜おそらく一〇〇年頃歿。ユダヤ人歴史家。著作はすべてギリシア語で著した）は『ユダヤ戦記』一146に、ユダヤ人は「生命を守るためにのみ安息日にも自衛する」と記し、『ユダヤ古代誌』一四63では、安息日に防戦するのはよいが、攻撃してはいけない、と記している。

ユダ・マカベア

前一六六年のマッタティアスの死後、その子ユダ・マカベアの指揮の下に反乱軍は優勢の内にシリア軍との戦いを続け、前一六四年一二月には神殿を奪還してけがれをきよめ、奉献祭（ハヌッカ祭〈ヨハネ福音書一〇22の宮きよめの祭〉）を祝った。彼の名を記念してハスモン家は「マカベア家」とも呼ばれ、この戦い（反乱）にもその名が冠せられる。

旧約聖書に記されていないハヌッカ祭（現在もユダヤ教において祝われているが、クムラン写本はこの祭に言及しない）の制定は、少なくとも当時の一部ユダヤ人にとっては、伝統からの重大な逸脱であった。

ところで、この前一六四年は、旧約聖書（後述の「マソラ本文」と呼ばれるヘブル語本文による）に現れる年の数を加えていくと、ちょうど天地創造から四〇〇〇年目に当たる。これは偶然ではないであろう（つまりヘブル語本文にはこの時代に、年数がぴったりと四〇〇〇年になるように作為が加えられた可能性が高い）。

なお、クムラン第四洞窟から出土した「ナホム書註解」に登場する「アンティオコス」は、アンティオコス四世であろうと推測されている。

同じ頃、東方のパルティア遠征中のアンティオコス四世が客死し、息子アンティオコス五世が即位したが、間もなく、いとこのデメトリオス一世が前一六三年、人質として幽閉されていたローマを脱出してシリアへ到着し、翌年には、アンティオコス五世を殺して王位に就いた。

デメトリオス一世は、正統な大祭司の家系に属する（と、少なくとも一部のユダヤ人がみなした）アルキモスを大祭司に任命して、ユダヤの状況にくさびを打ち込んだ。

異教祭儀の強制をはねのけ、神殿を浄化・確保したことにより、宗教的には一定の目標を達成した後も、周辺各地への戦いを繰り返すマカベア勢力に対して、疑問を抱き始めたユダヤ人もあり、かつての同志ハシーディームをはじめとして、正統な大祭司を受け入れる者も少なくなかったが、シリアとその傀儡《かいらい》大祭司を信頼したハシーディームはシリア軍により集団殺戮され、ユダヤ内部の勢力（権力）闘争の犠牲となった。パリサイ派やエッセネ派（クムラン宗団）などは、このハシーディームをも一つの源流とする可能性がある。

ユダ・マカベアは、戦況の優位を背景に、シリアの強大化を防ぐという点で利害の一致したローマと、友好同盟を結んだ。

ヨナタン

前一六〇年のユダ・マカベアの戦死をうけて、弟ヨナタンが後を継いだが、ユダヤにおけるハスモン家の影響力は低下し、エルサレムをはじめとしてユダヤ、ガリラヤ各地に、シリアの要塞が建設されあるいは強化された。

なお、前一五九年頃に大祭司アルキモスが歿し、前一五二年にヨナタンが大祭司となるまでの間、大祭司の地位は空位であったとされている。この間に、クムラン写本に現れる「義の教師」が大祭司の地位にあったのではないかと見る説がある。

前一五三年以降、シリアの王位を争う各陣営から協力を求められたヨナタンは、最初、デメトリオス一世と手を結んだ。

しかしヨナタンはじきに、別の王位要求者アレクサンドロス・バラス（ローマの後ろ盾を得、エジプトとも同盟して、デメトリオス一世を倒す）に乗り換え、まず大祭司に（前一五二年。ハスモン家の初代大祭司）、次いでユダヤの統治者に任命された（前一五〇年の直後?)。

しかし、しばらくするとヨナタンは、バラスを見捨てて、エジプトのプトレマイオス六世から栄誉を受け、次いで、バラスとプトレマイオス両者の死後、シリアの王位に就いたデメトリオス二世(一世の子)に臣下のごとく追従し、高価な品々を贈って大祭司(およびユダヤ民族の実質的な首長)の地位の認証や数々の恩恵を受け、シリアの首都アンティオケイアでの反乱の際には王を助けて戦った。

彼はローマやスパルタとも友好関係を強化したが、外交策におぼれ、今度はトリュフォンに寝返った。トリュフォンはデメトリオス二世に対抗して、前一四五年頃、バラスの子アンティオコス六世を擁立するが、一四二年にはこれを殺して、自ら王位に就いた。

ヨナタンは、結局はトリュフォンに欺かれて捕らえられ処刑された(前一四三年頃)が、彼の治世のもとに、ユダヤの領土は拡大し、ハスモン王朝の基礎は固まった。

しかし、右に略述したようなヨナタンの行動、とりわけ伝統的な(ダビデ時代以来の)ザドク家ならざる祭司家による大祭司の僭称《せんしょう》、それも異邦人支配者によってその地位に任命されたこと、そしてダビデ家以外の者のユダヤ民族の首長のごとき振る舞いは、少なからざるユダヤ人の反感を買ったことであろう。

マカベア戦争当初の理念からの離反、ハスモン家の変質とも見えるが、むしろ、この戦争の本質とハスモン家の実態が、ようやく明らかになってきたと見るべきであろう。ユダヤ民族の内部分裂は加速し、諸派叢生《そうせい》がうながされた。このような状態が、エッセネ派ないしクムラン宗団が生まれた背景である。

ヨセフスは『ユダヤ古代誌』一三171-173において、ヨナタンの治世を記した中で、はじめてパリサイ派、サドカイ派、エッセネ派に言及し、各派について短く解説を加えている（巻末補遺参照）。後で述べるように、クムラン写本の中で不倶戴天の敵とみなされている「悪の祭司」は、このヨナタンであると考える学者が多い。

シモン

ヨナタンの後を継いだ弟シモンは、デメトリオス二世と和を結んでその地位（大祭司・首長）を承認され、王国税も免除され、対内的には独自の暦による年号（シモンの治世第一年）使用を開始した。

「第一マカベア書」一四27以下に残されている、シオンの山の石柱の上に置かれた青銅の板には、「……35民はシモンの信仰と、彼が民に帰せしめんとした栄光とを見て、彼を民の指導者また大祭司に任命した。……38そこで王デメトリオスは彼に大祭司の職を与え、……39……大いなる誉れを与えた。40それは……41ユダヤ人たちと祭司たちとがシモンを信実の預言者の現れる時までとこしえに指導者および大祭司とすることをよしとした、と聞いたからである。……」と記されている。

これはハスモン家による大祭司職の世襲化と、大祭司職が伝統的なザドク家からハスモン家に移されたことを意味している。

しかし、他方では「信実の預言者の現れる時まで」という留保は、当時期待されていた終末に先立って到来する預言者はまだ現れていないことを確認し、ハスモン家が伝統的な正統な大祭司の家系ではないことを認めた上で、ハスモン家による大祭司職の世襲を容認したものであろう。そこには反ハスモン家の立場を根強くとっていた者たちの存在と彼らへの配慮がうかがわれる。

クムラン写本に現れる「悪の祭司」はシモンであり、「義の教師」が現れ迫害を受けたのはシモンの治世下ではないかと、一部の学者は推測する。シモンのもとで、エルサレムの解放・独立は実現し、ローマおよびスパルタとの和平条約も更新・締結された。

4 ハスモン王朝（前一三四年〜前三七年）

ヨハネ・ヒルカノス一世

シモンは、娘婿のクーデターにより暗殺されたが（前一三四年）、息子のヨハネ・ヒルカノス一世が反乱軍を撃破。彼が父の地位を引き継ぐことによって、ハスモン王朝の世襲体制が開始（確立）した。クーデターが示すように反ハスモン家の動きは根強く、クムラン宗団の創設もそのような動きの一つであった可能性がある。

おそらくこのような動きと連動してシリアのアンティオコス七世はユダヤへ軍を進め（前一三四年～前一三二年頃）、ユダヤは再びシリアの属領となった。しかし、アンティオコス七世はパルティア遠征中に戦死し、その直前にパルティアから釈放されたデメトリオス二世がシリア王に返り咲いた（前一二九年）。シリアではこの後も王位継承争いが続く。

このようにシリアが内外の難問への対応に追われたおかげで、ユダヤは再び独立し、シリアの脅威も弱まり、ヨハネ・ヒルカノス一世のめざましい活躍が始まる。

彼は周辺各地を征服して、領土拡大に努めたが、中でも前一二八年頃に、サマリアおよびシケムを占領し、ゲリジム山の神殿を破壊したことは、シケムに住みゲリジム山上の神殿で祭儀を行っていた「サマリア派」共同体と、エルサレム神殿を中心とするユダヤ人共同体との対立を決定的なものとした。

ヨハネ・ヒルカノス一世の領土は、かつてのソロモン王時代のそれに匹敵するほどになった。彼は遠征にはもっぱら外国人傭兵《ようへい》を用いたとも伝えられるが、これはおそらくユダヤ民族内部の根強い反ヨハネ感情と関連する。

なおクムラン写本の一つ「ミシュマロース」（Mishmaroth＝祭司の組。4Q324^{b}＝4QCalendrical Document C^{e}）と呼ばれる、暦を記した文書に、「大祭司ヨハナン」（前後の文脈は不明）が登場するが、これはヨハネ・ヒルカノス一世を指す可能性が高い。

ハスモン家の中で王号を称した最初の人物が、ヨハネの長男アリストブロス一世（ヨセフス『ユダヤ戦記』一70、『ユダヤ古代誌』一三301）か、弟のアレクサンドロス・ヤンナイオスかは、資料の解釈により説が分かれる。

なおアリストブロス一世の治世を描く中で、ヨセフスは『ユダヤ戦記』では初めてエッセネ派（のユダという名の人物）に言及する（一78-80）。アリストブロスが弟のアンティゴノスを暗殺することを、ユダが予言したというのである。何の説明もなくエッセネ派という言葉が使われていることは、この時以前からエッセネ派が存在していたことを示唆している。

アレクサンドロス・ヤンナイオス

アリストブロスの病歿後、弟のアレクサンドロス・ヤンナイオス（ヘブル語名ヨナタン）が兄の妻サロメ・アレクサンドラにより王位に就けられた。

アレクサンドロス・ヤンナイオスは前一〇三年の王位就任早々、キプロスのプトレマイオス九世ラテュロスとの戦いに巻き込まれた。

アレクサンドロス・ヤンナイオスがプトレマイス市（旧アッコ）を攻撃すると、プトレマイスの市民はラテュロスに援助を求めた。これに応じてラテュロスがプトレマイスに到着すると、アレクサンドロスは包囲を解き、ラテュロスと和平交渉を進める一方、裏では、ラテュロスと対立していたエジプトのクレオパトラ三世（ラテュロスの母）に来援を求めた。

これを知ったラテュロスはヨルダン川近くでユダヤ軍と会戦し、これを破った。これを見て、パレスティナにおけるラテュロスの勢力増大を恐れた母クレオパトラ三世は、大軍とともにパレスティナに侵入し、ラテュロスは逆に、このすきを狙ってエジプトへ向かったが、結局、エジプト軍に押し戻され、キプロスへ戻ることになった。

この約一年間の騒動をやや詳しく記したのは、クムラン第四洞窟出土の「イザヤ書註解」($4QpIs^a$, Frags.2－6, Col.2.21－29) が、ラテュロスのプトレマイスとパレスティナへの侵攻に言及している可能性が高いとみなされているからである。

もしもこの推測が正しいとすれば、後で紹介するクムラン出土の「ペーシェル」と呼ばれる旧約聖書註解書の中で言及されている、年代の明確な歴史的出来事としては、この前一〇三／二年頃の出来事が最も古いものということになる。

資料で見る限り、アレクサンドロス・ヤンナイオスは領土拡大を中心とする軍事的政治的活動に邁進《まいしん》する暴君のイメージが強い。

ヨセフス『ユダヤ戦記』一96－97には、アレクサンドロス・ヤンナイオスは叛徒の大多数を殺し、捕虜をエルサレムへ連行して八〇〇人を町の真ん中で磔刑《たつけい》に処し、その目の前で彼らの妻子をも殺害し、しかも彼自身はこの光景を妾たちと寝そべって酒を飲みながら見物していたと記されている。クムラン文書の一つ「ナホム書註解」も、この経過に言及している。

前八八年頃には、シリア王デメトリオス三世（ユダヤに干渉した最後のセレウコス王朝の王）がアレクサンドロス・ヤンナイオスに反感を抱くユダヤ人たちに請われてアレクサンドロスと戦い、勝利を収めた。しかし、今こそユダヤ（パレスティナ）を領有する好機と考えてエルサレムに入城しようとしたためか、彼をユダヤへ呼び招いたユダヤ人たちが彼を見捨ててアレクサンドロスの側についたため、やむなく撤退させられた。

クムラン文書の一つ「ナホム書註解」（4Q169＝4QpNah, Frags.3－4, Col.1.2）に現れるデメトリオスは、このデメトリオス三世とするのが通説であり、同じく「ナホム書註解」の同じ箇所に登場する「なめらかなものを求める者たち」は、いったんはデメトリオスと手を結びながら、後に彼を見捨て（て裏切っ）たユダヤ人たちであり、とりわけパリサイ派を指すものと思われる（ボウカー・一〇〇、三一六頁、『ユダヤ戦記』一92－95、および本書一六二頁以下参照）。

さらに注目されるのは、4Q448の中に王ヨナタンのための祈り（ないし賛歌）が見出されることで、この「ヨナタン」は、ユダ・マカベアの弟のヨナタンであるよりは、アレクサンドロス・ヤンナイオスを指していると解する学者が多い。

その中でもいく人かの学者は、クムラン宗団は、原則としてハスモン王朝の大祭司たちと対立していたわけではなく、パリサイ派に親近感を抱いている者たちとのみ対立していた、と考えているが、これはきわめて疑問である。

むしろ、4Q448（王ヨナタンのための祈り）は、クムラン宗団の残したものではなく、アレクサンドロス・ヤンナイオスの統治の初期に彼を信奉する者によって書き記され、エルサレムから持ち込まれて、たまたま第四洞窟にまぎれこんだのではないかと思われる。ヨセフスによれば、右記の八〇〇人の磔刑の後、「叛徒八〇〇〇人がユダヤ全土から逃げ去った」（『ユダヤ戦記』一98）とあり、その中にはクムランへ逃げ込んだ者たちもいた可能性があるからである。

彼の死後、妻サロメ・アレクサンドラがハスモン王朝の女王となり、無気力な長男ヨハネ・ヒルカノス二世を大祭司に任命した。彼女は夫の内政の失敗を教訓として、パリサイ派を中心とする批判勢力との宥和に努め、その治世は内政外交ともにおおむね平和を保ち、統治者としての手腕を発揮した。

しかし相変わらず、ユダヤの運命は、東方諸勢力とローマとの間の微妙な「力のバランス」に依存する、不安定なものであり、国内的には、精力的で政治的野心に満ちた次男アリストブロス二世が、新体制に不満を募らせる貴族階級（サドカイ派とつながる？）を中心とする国民の間に根強い支持を広げ、政権奪取をうかがっていた。

なおクムラン写本の一つ「ミシュマロース」（4Q322＝4QCalendrical Document C）には「シエラムツィオン」（shlmtsywn）と「ヒルカノス」（hrqnws）という名前が現れるが、これらはサロメ・アレクサンドラとヨハネ・ヒルカノス二世を指すのではないかと考えられている。

サロメ・アレクサンドラを指すとおぼしき名前は「ミシュマロース」の別の写本（4Q324[b]＝4QCalendrical Document C[e]）にも現れる。

ユダヤでは、前六七年、アレクサンドラの死をうけて、大祭司ヒルカノス二世がいったんは王位に就くが、弟アリストブロス二世率いる勢力とのエリコ近郊での戦いに敗れ、アリストブロスが王位を奪取した。

この段階で、ヘロデ大王の父アンティパトロスが登場する。彼は、自らの政治的野心の実現を非力なヒルカノス二世を担いで達成すべく、ヒルカノスとナバテア王アレタス三世との同盟を仲介し、ハスモン王朝が征服したナバテア領返還の見返りに、アレタスのヒルカノス支持を取り付けた。

ローマ軍の登場

前六六年に、ローマの元老院から大権（imperium）を付与されて東方遠征に向かった将軍ポンペイユスは、前六五年に軍隊の一部をM・アエミリウス・スカウルスの指揮の下にシリアへ派遣し、翌年にはポンペイユス自身もシリアに到着して、セレウコス王朝は終焉した。ナバテア援軍を加えたヒルカノス軍は、アリストブロス勢力と会戦してこれを圧倒した。スカウルス指揮下のローマ軍がシリアに現れたのは、ちょうどこの時である。アリストブロス、ヒルカノスそれぞれの陣営はローマの支援を求めてダマスコにスカウルスを訪れ、スカウルスはアリストブロス支援を決めた。ナバテア軍はユダヤからの撤退を余儀なくされた。ところが、前六三年にダマスコに到着したポンペイユスは、ローマの傀儡《かいらい》としては、好戦的なアリストブロスよりも、無能なヒルカノスと有能なアンティパトロスの組み合わせの方が適当であろうとの判断に傾いた。

さらに、最終結論の引き延ばしにいらだったアリストブロスの反抗的態度が決め手となり、ポンペイユスはアリストブロスを監禁した上で、ヒルカノス派の手引きでエルサレムへ侵入し、アリストブロス派の残党のたてこもる聖域を三ヵ月におよぶ包囲の後に陥落させ、神殿の至聖所に足を踏み入れた後、ヒルカノスを大祭司に復位させた。

こうして始まったローマ支配は、約一三〇年後（後七〇年）には、ユダヤにさらに大きな破局をもたらすことになる。しかし、ローマの基本的な政策は、シリアとエジプトの間に位置するこの重要な地域の安定にあった。

ポンペイユスは右に記したアエミリウス・スカウルスをローマの属州シリアの初代総督に任命した。クムラン文書の一つである「ミシュマロース」（4Q324^{a} = 4QCalendrical Document C^{d}）に「アエミリウスが殺した」（前後は欠損）という句が二度出てくるが、このアエミリウスは初代シリア総督アエミリウス・スカウルスである可能性が高い。

5　ローマ支配（1）――ヘロデ大王

三頭政治とヘロデ

こうしてハスモン王朝の支配は実質上終焉し、ポンペイユスの戦後処理により、ユダヤ民族は、ヨナタン以来、征服獲得を続けてきた領土のほとんどを失い、ガリラヤ、ユダヤ、ペライア、イドゥマヤ東部のみが残され、地中海沿岸からは完全に遮断された。パレスティナ全体がシリア州総督スカウルスの管轄下に入り、ユダヤ民族は大祭司のもとでの自治を認められたものの、ローマへの貢納の義務を課せられた。政治の実権はアンティパトロスの手中にあり、その権力は次第に増大した。

なお、前六〇年にローマでは、ポンペイユス、カェサル、クラッススの三人による第一回「三頭政治」が始まり、五五年にはポンペイユスとクラッススが執政官となり、この内、クラッススは五五年の一一月にシリアへ赴き、シリア総督となった。

クラッススは（自らの命を落とす結果となる）パルティア遠征の途中、エルサレムに立ち寄り、神殿に立ち入って、ポンペイユスが残しておいた神殿の財宝を掠奪した（『ユダヤ戦記』一179、『ユダヤ古代誌』一四105-109）。

クムラン写本の一つ「ハバクク書註解」九・三-七は、このクラッススによる神殿財宝掠奪を描いたものではないかと考えられている。もしもこの推測が正しいとすれば、後述するクムラン出土の「ペーシェル」と呼ばれる旧約聖書註解書における、年代の明白な歴史的事件への言及としては、この前五四年頃の出来事が最も年代の新しいものということになる。

ローマの政界を二分し大混乱に陥れたカェサルとポンペイユスの争いが、前者の勝利に終わると（前四九年～前四八年）、アンティパトロスはいち早くポンペイユスからカェサルに乗り換えた。報奨としてカェサルは、ヒルカノスを大祭司兼エトゥナルケース（民族支配者）に任命し、アンティパトロスにはローマ市民権を与えた上、ユダヤの総督（あるいは財務官）に任命した。

アンティパトロスは、長男パサエロスをエルサレムと周辺地域の長官に、次男ヘロデ（後の大王）をガリラヤの長官に任命した。ヘロデはたちまち頭角を現し、前四七年頃には、ユダヤ民族主義的な反ローマ運動の指導者ヒゼキヤ（後の熱心党につながる可能性がある）を倒し、彼を無許可で処刑したとしてエルサレムのサンヘドリン（ユダヤ人議会）に召喚されると、武力をもって威嚇し、シリア州総督の後ろ盾により無罪放免となったばかりか、シリア州総督によりコイレ・シリアとサマリアの長官に任命された。

前四四年にカェサルが暗殺された後、アントニウスの意向に逆らってカッシウス（ブルトゥスとともにカェサル暗殺の首謀者。生前にカェサルが彼をシリア総督に任命していた）がシリアを支配すると、アンティパトロスとヘロデは彼に取り入って保身に成功した。

アンティパトロスは前四三年に反対勢力により暗殺されたが、前四二年に、カッシウスがブルトゥスと連合してアントニウス―オクタウィアヌス（カェサルの妹の孫で、カェサルの遺産相続人。後のアウグストゥス）連合軍とマケドニアのピリッポイ（フィリッピ）で戦って敗れ、シリアを含む東方一帯をアントニウスが取り仕切ることになると、ヘロデはアントニウスへの乗り換えに成功、兄パサエロスとともにテトゥラルケース（四分領主）に任命され、父に代わって勢力を伸ばし始めた。

しかし、これに立ちはだかったのがアンティゴノス（アリストブロス二世の次男）である。アントニウスがクレオパトラとの恋にうつつを抜かしている隙を狙って、前四〇年にパルティア人がシリア、小アジア、パレスティナに侵入すると、アンティゴノスはこれと手を結んでパレスティナを手中に収め、ヒルカノス二世とパサエロスを捕らえ（後者は自殺。前者は耳を傷つけられて大祭司の資格を奪われ、パルティアへ連行された）、パルティアの傀儡として大祭司兼ユダヤの王となった。

なお、この前四〇年のパルティア人のパレスティナ侵攻の間に、クムラン宗団がクムランを離れたとする説がある。そしてあくまでも仮説の域を出ないが、彼らの中の少なくとも一部はエルサレムに移住した可能性がある。ヨセフスによれば、ヘロデ大王がエッセネ派を高く評価し尊敬していたからであり（巻末補遺の『ユダヤ古代誌』一五371-379参照）、エルサレムにはエッセネ派の集団が住んでいた可能性がきわめて高いからである。彼ら（のおそらく一部）がクムランに戻ったのは前四年頃であろう。
M・ワイズは、クムラン写本に現れる「悪の祭司」をヒルカノス二世と同定するが、その場合、クムラン宗団の始まりが、前二世紀半ば頃ないし前一〇〇年頃とする通説よりも、約一世紀ないし半世紀遅いことになり、筆者には疑問に思われる。

敵の手を逃れたヘロデはローマへ向かい、アントニウスとオクタウィアヌスの推挙により、前四〇年末に元老院より「ユダヤの王」に任命され、さっそく前三九年にプトレマイス（地中海東部沿岸）に上陸した。

ヘロデ王朝

ヘロデは早くも前三九年秋にはエルサレムに接近したが、なおパレスティナ全域の平定に手間取り、前三七年春にようやくエルサレムを陥落させた。アンティゴノスはアンティオケイアでアントニウスにより処刑された。こうしてハスモン王朝は完全に終焉し、ヘロデ王朝が実質的に開始した。

ヘロデはエルサレム包囲中にマリアンメ一世（ヒルカノス二世の孫）を二番目の妻とした。これは非ユダヤ人（イドゥマヤ人改宗者の家系のため、「異邦人」とも「半ユダヤ人」とも呼ばれた）としてユダヤ王たる資格に疑問や反感があることを考慮して（申命記一七15参照）、王位就任を正当化し、反感をやわらげようとしたのであり、ヒルカノス二世側も没落王家の生き残りをはかったのであろう。

ヘロデは早くも前三六年頃には、ハスモン家の希望の星とも言うべきアリストブロス（マリアンメの弟で当時一七歳）を大祭司に任命後ほどなくして暗殺し、前三〇年頃には、おそらく数年前に帰国していたヒルカノス二世（当時七二歳くらい）をも暗殺し、前二九年にはマリアンメを、翌二八年頃にはその母を処刑して、ハスモン家復興の芽を摘んだ。ディアスポラ（離散）出身を含むいくつかの家系の者たちを次々と大祭司に任命したのも、互いに牽制させて勢力をそぐためであろう。

なおヨセフスによれば、前三一年の春にユダヤ地方に、かつてなかったような大地震が起こり、「無数の家畜と三万人の人間を滅ぼした」（『ユダヤ戦記』一370以下、『ユダヤ古代誌』一五121以下）。

この地震の痕跡はクムランの遺跡においても確認されているが、同じく遺跡に認められる火災の跡がこの地震と同時的か否かについては議論が分かれている。いずれにせよこの地震と火災の後、約三〇年間、クムランは無人のまま放置され、クムランの建物が修復再建されれ、再びクムラン宗団の人々が住み始めたのは、前四年から前一年の間であろうと推測されてきたが、少なからぬ学者たちがこの約三〇年にわたる遺跡の放棄という見方に疑問を感じている（この点は第五章参照）。

前三一年九月にアクティオン（アクティウム）の海戦でアントニウスがオクタウィアヌス

に敗れると、ヘロデはただちに勝ち馬に乗り換え、領土を加増された。前二七年にオクタウィアヌスがアウグストゥス（尊厳なる者）の尊称を元老院から贈られると（ローマ帝政の開始）、ヘロデはその栄誉を称えて、セバステ（ラテン語アウグストゥスの女性形アウグスタのギリシア語形）の町を造り、セバステを始めとして各地にアウグストゥスを称える神殿や記念建造物を建てるなど、ローマの有力者、彼自身や親族を記念して、数多くの町、要塞（砦）、建物を建造ないし増改築した。

彼は、前二四／三年頃からエルサレムの王宮の建造に、前二〇年頃にはエルサレム神殿の大規模な改築に着手し（聖域全体の工事は後六〇年代まで続けられたが、彼の治世に一応の完成をみた）、第二神殿（前五一五年建立）は第一神殿（ソロモン王が建立）に劣らぬ栄華を取り戻した。地中海沿岸のカイサレイア（アウグストゥスを称えた命名）は後に属州ユダヤの首都（総督府所在地）となった。

彼は前記のように非ユダヤ人との引け目もあり、少なくとも対内的には基本的にユダヤ教を尊重する姿勢を保ったが、大祭司を恣意的に任免するなど（七人の大祭司を任命）ユダヤ教の伝統（彫像の禁止など）を逸脱する面もあり、彼に対するユダヤ人の反感・敵意は根強かった。なお前記のように、ヘロデはエッセネ派を高く評価して尊敬し、他の臣民に強制した王に対する忠信の誓いをエッセネ派に対しては免除した（『ユダヤ古代誌』一五 371-372）。

後継者争い

ヘロデは一〇人の妻から生まれた息子たちの後継者争い（息子は約九名、娘は約五名）、彼らを巻き込んだ謀反の動きに対する疑念に悩まされ続け、次々と息子たちを処刑し、後継者を指名する遺言状を何度も書き換えた結果、最終的にアルケラオスを後継王に、ヘロデ・アンティパスとピリッポスをテトゥラルケース（四分領主）に指名した直後、前四年、猜疑《さいぎ》と失意の内に病歿した。統治者として光と影が激しく交錯した「大王」の最晩年に、ナザレのイエスが誕生した。

ヘロデの強権的統治により抑えられ、蓄積されていたエネルギーが爆発したかのように、彼の死をきっかけとして暴動反乱が各地で続発し、前記ヒゼキヤの子（あるいは孫？）ユダもセッポリス（ガリラヤの最重要都市。イエスが生まれ育った村ナザレの北わずか六キロ）を中心にガリラヤを荒らし回った。

ローマ軍の介入もあり（ナバテア王アレタス四世も協力）、これらはとりあえず鎮圧されたものの、火種はくすぶり続け、後六六年の大反乱へとつながることになる。

アルケラオスは、当初から強圧的な姿勢が目立ち、大祭司の首を次々とすげ替えるなど（一〇年間に三人の大祭司を任命）、父王のマイナス面のみを受け継いだようなその治世は、領民の反感を募らせた。

結局、ユダヤ、サマリア両地域住民（および彼自身の兄弟姉妹？）からの訴えをうけたアウグストゥスにより、アルケラオスは後六年には早々とその地位を追われ、その領土は属州ユダヤとしてローマ人総督の支配下に置かれた。

6　ローマ支配（2）——ローマ総督とアグリッパ一世

属州ユダヤ

ユダヤ州はシリア州総督の監督下に置かれ、彼の指揮下にあるシリア州駐屯軍の保護下にあり、ユダヤ人はシリア州総督に直訴することができた。これを機に、ユダヤ州は前六三年以来の地租に加えて、新たに人頭税、おそらくさらに各種間接税を課せられた。

徴税の基礎資料作成のため、後六年に、新任のシリア州総督クィリニウスにより国勢調査が行われ（ルカ福音書二1-5は年代を含めて不正確な形でこれに言及?）、これに対する宗教的民族主義的な動機による反感は暴動へと発展した（テイラー、二〇三～二〇四頁参照）。

一般に「ガリラヤ人ユダ」と呼ばれるこの暴動の中心人物（使徒行伝五37ほか。前四年にガリラヤで暴動を指導した前述の同名の人物と同一人物か否か議論されている）の子孫が、後四〇年代以降の反ローマ運動において重要な役割を果たすことになる。

ローマの基本的な寛容政策にもかかわらず、ローマから派遣される統治者と民衆との距離は広がり続けた。

大祭司の任命権は総督にあったが（四一年以前までに七名の大祭司が交代）、大祭司はユダヤ民族を代表する一種の「首長」として限定された範囲内での民族内自治を許されており、民衆は常に総督とローマの軍隊を意識させられて（ましておびえて）いたわけではない。特に後一八年頃から三六年までの大祭司カヤパの任期は例外的に長期にわたり、失点の少ない比較的平穏な時期であったことをうかがわせる。ナザレのイエスの活動はまさにこの時期にあたる。このカヤパと後述するピラトゥスの下で、イエスは処刑された。

初代総督コポニウスの後、三（ないし四）人の総督を経て、後二六年にポンティウス・ピラトゥスが総督に就任し、三六年まで在位した。

新約聖書からは、彼の優柔不断あるいはユダヤ人への迎合的な姿勢を印象づけられるが、他の資料はおおむね彼を典型的な悪代官として描いている。

彼がエルサレムに水道を敷設するために神殿財宝を流用した際には、激しく抗議する群衆に軍隊を差し向け、流血をもって鎮圧した（ルカ福音書一三1の伝えるガリラヤ人虐殺事件が、これと同じものか否かは不明）。

その後、何らかの終末的な期待と結びついてゲリジム山に集結しようとしたサマリア人グループの動きを反乱と認定して、これに軍隊を向かわせ、再び流血をもって鎮圧した結果、ピラトゥスはローマへ召還され、その職を解かれた。

この後に属州ユダヤは、ローマ皇帝にとり入って王になったアグリッパ一世（ヘロデ大王の孫）の王国となった。

アグリッパ一世による、ゼベダイの子ヤコブ（イエスの十二弟子の一人）の処刑、ペテロの投獄は（使徒行伝一二章）、ユダヤ教の一分派と目された原始キリスト教共同体を迫害することが、領民大勢の意にかなうとの判断によるものであろう。ユダヤ教を尊重する彼の姿勢により、ローマの統治に馴染むことのできなかった民衆にとっては総督よりは身近に感じられたのであろう、その治世は比較的平穏であった。

アグリッパ一世は、四四年に病死し（使徒行伝一二20－23参照）、王国は再びローマ人総督の支配する属州ユダヤに戻された。

7　第一次ユダヤ戦争

反ローマ感情

アグリッパ一世が四四年に病死すると、彼に委ねられていた神殿管理権と大祭司任命権は、まず兄弟ヘロデ（四一年以降、ダマスコの北西の小国カルキスの王）に、彼が四八／九年に死ぬと、アグリッパ二世（アグリッパ一世の子）に、引き継がれた。彼は五〇年頃には王号とともにカルキスをも与えられ、さらに五三年（以上クラウディウス帝）、六一年（ネロ帝）と、皇帝により次々とヘロデ家の旧領を加増され、その領土は、総督の支配するユダヤ、サマリア地域を除いて、ほぼ父のそれに匹敵した。

アグリッパ二世は、姉妹ベルニケと総督フェストゥスとともに、海沿いのカイサレイアに拘留中のパウロを尋問した（五九／六〇年頃。使徒行伝二五、二六章）。彼は、しばしばエルサレムのハスモン家の王宮に滞在したが、民衆とローマとの緩衝役を務めようとの意図もあったのであろう。しかし四四年以降、ローマ総督たちの支配下で、ユダヤ人の反ローマ感情、状況（治安）の悪化は、雪だるま式にふくらんでいった。

神の助けによるローマ支配の倒壊を夢想する者も少なくなく、熱心党およびこれと関連を持つシカリ派、反ローマ的な高位聖職者を中心とするグループなどが入り乱れ、ついに六六年、第一次ユダヤ戦争へ突入する。

軍団を率いて駆けつけたシリア総督の不手際や、ローマの政情不安も重なり、属州ユダヤは内乱状態となった。ユダヤ遠征軍総指揮官ウェスパシアヌスが皇帝として七〇年初頭にローマに入城して、ようやくローマの内乱が終結した。ユダヤ人叛徒内部の主導権争いによる混乱にもかかわらず、ローマ軍はエルサレム（神殿）にたてこもる反乱軍の平定に手間取ったが、七〇年、エルサレム陥落・神殿炎上をもって、反乱は鎮圧された。

右に記したユダヤ人叛徒内部の主導権争いについて一言つけ加えると、反乱の当初、大祭司アナニヤの息子で神殿守衛隊長（大祭司に次ぐ地位）のエレアザルが革命的分子を指導したが、前記の「ガリラヤ人ユダ」の孫（ヨセフスによれば息子）のメナヘムがこれに対抗してエルサレムを攻撃し、大祭司アナニヤとその弟などを殺し、エレアザル派と交戦状態となった。結局、メナヘム派は敗れ、メナヘムと側近のアブサロムは拷問されて殺され、メナヘム派の残党はマサダ（ヘロデ大王の別荘兼要塞）へ逃れた（ヨセフス『ユダヤ戦記』二408－448）。

G・R・ドライヴァー（旧約聖書学・セム語学の権威）とC・ロス（ユダヤ教学の権威）は、クムラン写本に現れる「義の教師」はメナヘムで、「悪の祭司」はエレアザルであると主張し、「ハバクク書註解」五・九の「アブサロムの家」（後述参照）はメナヘムの側近のアブサロムへの言及である、と主張した。これは「熱心党」＝「クムラン宗団」説の極端な立場であるが、他のクムラン宗団＝熱心党説と同様、クムラン写本の古文書学とクムラン遺跡の考古学の成果をすべて無視した説であり、とうてい成り立ち得ない。

なおこの反乱には、エッセネ派のヨハネなる人物がタムナ地方の長官として参加し、彼にはさらにリュッダ、ヨッパ、アマウス（ユダヤ地方の北から西にかけての地域）も割り当てられたというヨセフス『ユダヤ戦記』二567の記事（および後述する他の記事）により、エッセネ派（の少なくとも一部）が戦闘に参加したと考える学者が多いが、筆者はこの点については否定的である。A・シャリトは、そもそもこのヨハネがエッセネ派であったことに疑問を呈している。

クムランの破壊

第一次ユダヤ戦争のさなか、後六八年に、ウェスパシアヌスはエリコへと進軍してこれを占領した後、死海を訪れている（ヨセフス『ユダヤ戦記』四477。エッセネ派ないしクムラン宗団には言及していない）。

後で述べるように、この際にクムラン宗団の居住地がローマ軍によって破壊されたと考えられている。その際、クムラン宗団の人々が武器をもって、これと交戦したか否かは説の分かれるところであるが、筆者は否定的である。右記の『ユダヤ戦記』二567以外には、ヨセフスは、その著作のどこにもエッセネ派がローマと戦ったと記していない。古代資料からうかがわれるエッセネ派は、徹底的な平和主義者であった（巻末補遺参照）。

七〇年以降もなお叛徒の手中にあったヘロデイオンとマカイルスの要塞は七一年には陥落し、マサダにたてこもった一部叛徒（シカリ派）による抵抗は、ローマ軍を予想外にてこずらせたが、結局七四年に平定された。

この間ローマに忠誠を尽くしたアグリッパ二世は領土を加えられたが、九二／三年頃と考えられるその死により、領土はシリア州に併合された。なおマサダにはクムラン宗団の残党の一部も叛徒の一部として加わった可能性が高い。クムラン文書の一部と同じ文書の写本がマサダからも発見されているからである。

戦後、「征服されたユダヤ」（Iudaea capta あるいは Iudaea devicta）と刻印された戦勝記念貨幣が発行され、ユダヤのローマ軍は強化された（エルサレムに一軍団が常駐）。

ユダヤ人は、それまでエルサレム神殿に納めていた「半シケル（二ドラクマ）」を、ローマのユピテル・カピトリヌスの神殿に献げることを強制され、これと引き替えに、かろうじてユダヤ教信仰の自由が認められた。こうして、後六六年～七〇（七四）年の戦乱・破局は、ユダヤ教とユダヤ民族の歴史を大きく二分する転換点となった。

8　第二次ユダヤ戦争（バル・コクバの乱）

バル・コクバ

第一次ユダヤ戦争の後、一一五年～一一七年に、エジプトなど各地に離散したユダヤ民族の間で、ローマ支配に対する反乱が広がった。やがて、一三二年～一三五年の第二次ユダヤ戦争において、半世紀を超えて抑圧され温存蓄積されてきた反ローマ感情が、再び爆発する。

ユダヤ民族の有力な精神的指導者であったラビ・アキバの強力な支持の下に、広範かつ大規模な対ローマ反乱を指導したのは、「メシア」とも崇められた「バル・コクバ」と呼ばれる人物で、それゆえ今次の戦争は「バル・コクバの乱」とも呼ばれる。

彼の本名はシメオン・バル・コシバで、「バル・コクバ」＝「星の子」は、民数記二四17

に由来するメシア的称号である。彼は後代のラビ文献では「バル・コジバ」＝「虚言の子」とののしられた。

一九五二年のムラバートの洞窟の調査により、数多くの獣皮紙、パピルス、オストラコン（陶片）が発見された。これらの大部分は第二次ユダヤ戦争中およびその少し前のものとみなされ、主としてアラム語、ギリシア語、ヘブル語で記されていて、バル・コクバ自身（ないしはその本陣）の、アラム語、ギリシア語、ヘブル語で記された書簡も含まれており、注目されている（拙著『イエス時代の言語状況』参照。教文館より新装版近刊予定）。

反乱軍は一時はローマ軍を撃退し、ユダヤ全土をほぼ制圧、臨時政府を設けて一定規模の統治を行い、バル・コクバを「イスラエルのナースィー（首長）」と刻印した貨幣も発行された。

反乱側は神殿祭儀の復興を目指しており、神殿再建の礎石が置かれた可能性もある。しかし、結局ローマの大軍によって鎮圧され、バル・コクバは戦死、ラビ・アキバを始めとする多数の指導者の処刑と、さらに多くの民衆の奴隷化によって、幕を閉じた。後述するように、このバル・コクバの乱の際に、反乱軍に参加したユダヤ人の一部が、一時、クムラン遺跡に居住したものと考えられている。

これによって、パレスティナのユダヤ民族は壊滅的な打撃を受け、エルサレムのあった場所には、「アエリア・カピトリナ」と呼ばれる植民都市が造られ、ヤハウェ神殿の跡にはローマ皇帝像とともにユピテル神殿も建てられ、ユダヤ民族の立ち入りは、死をもって禁じられたが、例外として「アヴの月（七月／八月）の九日」（第一・第二神殿崩壊記念日）にのみ、「嘆きの壁」（神殿境内を取り囲んでいた外壁の西側の残存部分）の前に立つことが許された。属州ユダヤは「シリア・パレスティナ（Syria Palaestina）」と改名された。

第三章　写本には何が書かれているか

クムラン宗団

第一章にも記したように、クムランの一一の洞窟以外の死海周辺の他の遺跡や洞窟からも多くの重要な写本類が発見されており、厳密に言えば、死海写本はそれらの総称であり、クムラン写本はその一部ということになる。

その他の遺跡とは、たとえば本書七八頁で言及したムラバートや、マサダ〈ギリシア語とラテン語で記された数多くの資料に加え、一四のヘブル語で記された〈その内一つはアラム語かもしれない〉旧約聖書を含む獣皮紙の写本が発見された。クムランにおいても発見されている「安息日の犠牲の歌」（4Q400－407, 11Q17）の一部を記した写本断片も発見されている）、ナハル・ヘヴェル（Naḥal Ḥever＝Wadi Khabra）、ナハル・ツェエリーム（Naḥal Tse'elim＝Wadi Seiyal）などであるが、本書では、それらについては付随的な言及にとどめ、クムラン写本に焦点をあてることにしたい。

なお naḥal はヘブル語で、wadi はアラビア語で、共に「川床」を意味するが、ワディ・クムランも含めて、これらの川床は普段は乾燥しており、冬季にまれに短期間に大雨が降ると、鉄砲水におおわれる。

クムラン写本は、洞窟の近くの遺跡に住んでいた人々の所有していたものであり、前述のように、後六八年にローマ軍がこの地域に侵攻した際に、写本が敵の手に落ちるのを避けて近くの洞窟に隠されたもの、と一般に考えられている。

この「クムラン宗団」と称される人々は、他の古代資料（巻末補遺参照）から「エッセネ派」という名前で知られる、ユダヤ教内の一グループに属しており（異論もある）、遺跡は、すでに述べたように、エッセネ派の「本部」とでもいうべき、一種の修道院的な施設であったと考えられてきた。

ただし、エッセネ派と言ってもその中にも多様性があり、クムラン宗団はエッセネ派の中の一つのグループと見るのが適当である。と言うのも、古代の他の資料の示すエッセネ派像とクムラン写本の内容とは、おおむね一致しているものの、相違もあり、クムラン写本内部にも多様性があり、必ずしもすべての写本が一つのグループの生み出したものではない可能性が高い。

クムラン写本を「エッセネ派ないしクムラン宗団の書き残した写本」と「非宗団的写本」とに区別する作業は、きわめて困難である。そのような問題点を踏まえた上で、すべての資料を総合的に判断して、筆者には、クムラン宗団はエッセネ派の中核的な、最も厳格な集団であったものと思われる。写本を退避させた後の、宗団の人々自身の運命は不明であるが、その中には生まれたばかりの原始キリスト教（ユダヤ教イエス派）に合流した人々もあった可能性がある。

クムランの住居遺跡は、発掘調査の結果、最も古い部分は前八世紀までさかのぼると推測されているが、クムラン宗団の人々が住んでいた時期は、前二世紀半ば頃（ないし前一〇〇年頃）から、途中の比較的短期間の中断を含んで、後六八年頃までと考えられている（第五章参照）。

クムラン写本

彼らの残したクムラン写本は、おおよそ以下のように分類される。

①エステル記を除く、旧約聖書のヘブル語原典の写本と、旧約聖書のアラム語訳（レビ記とヨブ記）およびギリシア語訳の写本。
②旧約聖書外典・偽典の一部の、ヘブル語やアラム語の本文。
③これらのいずれにも属さない、これまで知られていなかった文書。宗団独自の文献が多いが、中にはこの宗団の人々と何らかの親しい関係にあったグループのまとめたもの、と考え得るものも含まれる。

つまり、クムラン宗団が独自に生み出した文書の写本と、そうではない写本、クムランにおいて記された（著された、ないし書き写された）写本と外部から持ち込まれた写本が混在している。

すでに一九世紀末にカイロで発見されていた「ダマスコ文書」の写本断片がクムランでも発見されており、したがってこれは未知の、新発見の文書ではないが、この一種の「名誉クムラン写本」をも含めて、一般には③を「クムラン文書」ないし「死海写本」と呼んでいる。

①、②をも含むクムラン写本全体の推定年代は、ほぼ前三世紀終わり頃から後一世紀中頃（最終年代は後六八年）までであるが（もっとも後一〇〇年頃と推定される「銅の巻物」のような例外もある）、後一世紀のものは少なく、前一〇〇年前後頃のものが多いと考えられている。写本の年代は「古文書学」により、およそ数十年（ないし一世代）の誤差の範囲内で特定される。

近年、「加速器質量分析法」（ＡＭＳ＝Accelerator Mass Spectrometry）により写本の年代の測定が行われた。その結果は、おおむね（あるいは、ほとんどのケースにおいて）古文書学の結果と一致したが、百パーセント一致してはいない。文書の成立年代が写本の年代以前であることは言うまでもない。いずれにせよ、クムラン写本にはイエス・キリストとその弟子たちや初期キリスト教への言及は皆無である。

なお、クムラン写本のほとんどはヘブル語で、約二〇パーセントがアラム語で、ごくわずかな写本がギリシア語で記されている。

右に挙げた①については、第六章で触れることにしたい。以下、③グループに属する、主要な文書を紹介するが、いずれも大なり小なり欠損を含み、推読の必要もあり、すべての写本が母音符号の付いていない子音のみの本文であることもあって、語句の解釈が学者の間で分かれる場合も少なくない。

ここでは第一洞窟から最初に発見された七つの巻物のうち、③に属する五つの文書と「ダマスコ文書」および「神殿巻物」と「4QMMT」と名付けられている文書を中心に紹介する。

1 「共同体の規則」

「共同体の規則」（1QS　1Qはクムラン第一洞窟出土写本であることを示す。Sは写本冒頭に現れる「sepher serekh hayahadh＝セーフェル・セレク・ハッヤーハド＝共同体の規則（serekh）の書」による）は、クムラン宗団に集う人々の守り行うべき規則を記したものである。

M・バロウズはこれを「宗規要覧」（Manual of Discipline）と名付けた。「何となくメソデイストのManual of Disciplineを連想させたからであるが」（クック・二八五頁）、バロウズ自身はメソディストではないし（彼は長老派＝プレスビテリアンに属していた）、その宗規要覧を読んだことがあるという確信はなかったのである。最近では本書は、「共同体の規則」(Rule of the Community）と呼ばれている。

「共同体の規則」の中には、共同体の信仰告白ないし基本憲章的なもの、共同体への入会に関する規則（後述。財産は共有）、共同体のメンバーの日々の生活に関する規則や罰則、世界を真実の霊（光の君）とそれに従う者（義人、光の子）たちと虚偽の霊（闇の天使）とそれに従う者（闇の子）たちに二分する二元論（イラン思想の影響）、間近に迫った終末への期待、終末時における預言者とメシア（アロンの、すなわち祭司系と、イスラエルの、すなわち非祭司系の、二人）の出現への待望、などが認められる。

最後に神への賛歌において、自らの罪深さ、救いは神の恵みにのみよること、が繰り返し告白される。

清浄とトーラー（とその研究。トーラー〈教示〉については九三頁を参照）が重視され、一種の階級制と小グループ制が認められ、祭司の指導にレビ人や一般のユダヤ人が服し、「監督」と呼ばれるリーダーもいる。結婚は前提されていないが独身制も明言されていない。遺跡近くの墓地からは、男の遺骨とごくわずかな女の遺骨が、やや離れた墓地からは女と子どもの遺骨が発見されている（第五章参照）。

入会の手順

入会に関する規則について付言すると、六・一三―二三によれば、入会志願者は、まず最初に監督者（happaqidh＝ハッパーキード）によって、その「洞察（見識）と業について」審査され（第一次審査）、これにパスすると共同体のすべての掟《おきて》を教えられる（これがどれほどの期間におよぶのかは記されていない）。

その後、多数者の前で再び審査され（第二次審査）、「彼の霊と業に関して調べられ」た上で、「満一年を経過するまでは、多数者（共同体）のきよらかな食物に触れてはならず、それから「共同体の内部で一年を満たした」（一種の見習い期間の）後に、「トーラーに関する彼の洞察（見識）と業とについて」審議され（第三次審査）、共同体の集《つど》いに近付くことを許されると、彼の財産は「調査官」（hammebhaqqer＝ハッメバッケール）の手に委ねられる（一種の準会員）。

そして、「共同体の人々の中で第二年目を満たすまで、彼は多数者の飲み物に触れてはならない」。その上で、二年目を満たした後、再び多数者による審議に諮《はか》られて（第四次審査）、許可されれば、ようやく共同体の一員として登録される。

ここで、第二次審査を通過した後、一年経ってようやく「きよらかな食物に触れる」ことを許されるが、第三次審査に通っても「第二年目を満たして」ようやく、多数者のきよらかやすいものとみなされていたことになる。クムラン宗団では、後代のラビ文献と同様、固形物（食物）よりも液体（飲み物）の方が、聖性が高く、よりけがれに染まりやすいものとみなされていたことになる。

右記の入会の手順をヨセフス『ユダヤ戦記』二137－138（巻末補遺参照）の伝えているエッセネ派への入会手順と比較してみると、ヨセフスでは第一次審査は記されておらず、いきなり「見習い期間」から始まり、その後一度目の審査があり、一種の準会員となり、「きよめのための聖水に与ることを許されるが、なお、まだ共同生活へは受け容れられ」ず、さらにもう一度審査された後、さらに「二年間性格を試験され」、共同生活に「ふさわしい者であることが明らかになった上で」、正式のメンバーとなる、とある。

いささか明瞭でない部分もあり、両者の比較は難しいが、ヨセフスは「共同体の規則」の第一次審査に言及していないこと、ヨセフスでは「準会員」になると「聖なる水」すなわち「共同体の飲み物」を飲むことが許されるとされていること、が相違点として認められる。もっともヨセフスの「聖なる水」は「飲み物」のことではなく、後述する、身をきよめるための水槽の水を指すのかもしれない。いずれにせよ全体としては、両者は同様の「結社」への入会の手順について記しているものと考えてよいであろう（入会の手続きについては「ダマスコ文書」の項をも参照）。

「共同体の規則」の神学

「共同体の規則」の神学の特徴の一つは、一神教と宇宙論的な二元論の併存である。三・一五には「今起こりつつあることと将来起こることのすべては、知識の神に由来する」とある。他方、光の天使と闇の天使の宇宙的な戦いに人間は巻き込まれ、人間はそのいずれかの支配下に置かれる。

しかし、各人は、それぞれの中に光と闇の部分をいくらかずつ持ち、終末の成就までは「真実の霊と虚偽の霊とが人の心の中で争」っており（四・二三。松田訳）、「闇の天使のゆえに義の子らはみな迷い」（三・二一。松田訳）、「定められた裁きの時機の来るまで、世は虚偽に支配された悪の道をのたうち回る」（四・一九。松田訳）。

「ホロスコープ（天宮図）」と名付けられる文書（4Q186＝4QHoroscope）では「彼の霊は光の家に六つの部分を持ち、闇の穴の中に三つの部分を持つ」（Frag.1, Col.2.7–8）と明言されている（「霊」と訳したヘブル語 ruaḥ＝ルーアハは、rewaḥ＝レワハと読むべきで、「スペース、部屋」を意味するという説がある）。

クムラン宗団の人々は「神は……虚偽の存続する期間を定め給い、報復の時機にはこれを永久にほろぼし給う」（四・一八―一九。松田訳）と信じ、神が選んだ者たちに対する神の約束の成就する時の間近な到来を待ち望んでいた。「共同体の規則」そのものがクムラン宗団にとって最も基礎的基本的な文書であったと思われるが、中でも右記のような二元論がクムラン宗団の神学にとって中心的な重要性を持っていたと考えてよいであろう。「共同体の規則」八・三―四、六には、自らの共同体の存在とその行いとが（イスラエルの？）罪をあがなう役割を果たすものであることが明言されている。とりわけ動物を犠牲として焼く祭儀（エルサレム神殿で行われていた）にもまして、祈りと正しい行いが、罪をあがなうものと認められている。このような認識は、神殿における罪のあがないの供犠（への参加）を不要なものとするであろう。

さらに「共同体の規則」四・二一には「彼（神）は彼（人間）を聖霊によってあらゆる罪深き行いからきよめ、きよめの水のごとく真実の霊を彼の上に注ぐであろう」と記されている。

これは、イエスが「聖霊によって」洗礼を授けるであろうというマルコ福音書一8（マタイ福音書三11、ルカ福音書三16）などの記事や、イエスが父なる神から「聖霊」を受け取ってそれを弟子たちの上に「注いだ」という使徒行伝二33などの記事、さらにマタイ福音書一二18「私（神）は私の霊を彼（神の選んだしもべ）の上に置くであろう」（イザヤ書四二1の引用）や使徒行伝二18「そしてそれらの日々に私は私の男と女のしもべたちに私の霊を注ぐであろう」（ヨエル書三1の引用）などを思い起こさせる（なおクムランをも含めて初期ユダヤ教における「〈聖〉霊」の理解に関しては、Levison の包括的な研究を参照）。

「共同体の規則」一〇・一―二には、太陽の昇る時と沈む時に神を賛美すべきことが命じられているが、「日々の祈り」と名付けられる文書（4Q503＝4QDaily Prayers）に、朝の祈りと夕の祈りが記されている。

「共同体の規則」には女と子どもに関する言及がまったく見あたらない。その背後にある共同体は修道院的であり、男のみからなる独身主義の集団であったと想像されるゆえんである。それは、エッセネ派は一般に結婚しなかったが、中には結婚を認めるグループもいたというヨセフスの証言（『ユダヤ戦記』二160－161。巻末補遺参照）の前者に属するものと考えられる。

注目されるのは、二元論に関する叙述の中で、神から真実の霊をきよめの水として注がれ、永遠の契約のために選ばれた者たちには「アダムの栄光」がことごとく与えられると記されていることである（四・二三）。後述の「ダマスコ文書」三・二〇でも同趣旨の文脈の中で「アダムの栄光」が語られている。

クムラン宗団のアダム観

初期ユダヤ教の文献の中には、アダムを肯定的にとらえているものと、否定的にとらえているものとがある。たとえば、旧約外典「ベン・シラの知恵」（前一九〇年頃）四九16は、イスラエルの父祖たちをたたえた賛歌の最後で、「アダムは被造物の中のすべての生けるものに優っている」と絶賛している。

これに対して旧約偽典の一つ、偽フィロンの「聖書古代誌」（後一世紀）は、アダムが神の命令に背いたため死がこの世に入り込んだと明言する（一三8）。さらに「第四エズラ書」（「新共同訳」の「エズラ記（ラテン語）」、後一〇〇年頃）三21には「最初のアダムが邪悪な心の重荷を負って罪を犯し、打ち負かされたのです。それだけでなく、彼から生まれたすべての者も同様になりました」とあり、七116–118には「大地はアダムを出さなければよかったのです。あるいは出してしまったのなら、アダムが罪を犯さないよう引きとめればよかったのです。……ああアダムよ、あなたは何ということをしたのだ。あなたが罪を犯した時、堕落したのはあなただけではない、あなたから生まれた私達（すべて）なのだ」（八木誠一・綾子訳）と記されている（その他に三5–10、26、四30、七11などにも同趣旨の記述が認められる）。

これがパウロのアダム観と軌を一にしていることは言うまでもない。クムラン宗団のアダム観が「ベン・シラの知恵」のそれと一致している点が注目される。

マタイ福音書五43の「あなたはあなたの隣人を愛し、あなたの敵を憎みなさい、と言われてきた」の前半（隣人愛）はレビ記一九18による。後半については従来、典拠が見あたらないとされてきたが、「共同体の規則」一・三–四には「彼（神）が選ぶすべてのものを愛し、彼が拒むすべてのものを憎むように」と、一・九–一一には「すべての光の子らを愛し……すべての闇の子らを激しく憎むように」とあり、マタイ福音書五43で言及されている「敵を憎め」そのものではないが、同じような趣旨の言い伝えが見出される。

ただし、「共同体の規則」一〇・一七―一八には「私は誰に対しても悪に対して悪をもって報いることはせず、善をもってのみ人を追い求めよう。すべての生けるものを裁くのは神であり、人に応報を与えるのも彼（神）なのだから」とあることも注目すべきである。

「共同体の規則」全体の構成は、次のようにまとめられる。

1（一・一―一五）　序文、共同体の目標
2（一・一六―二・一八）　契約共同体への参入の儀礼
3（二・一九―三・一二）　更新のセレモニー
4（三・一三―四・二六）　共同体の二元論的神学、神の計画
5（五・一―六・二三）　共同体の生活の規律（共同生活の目標、トーラーへの誓い、共同の審議・食事・研究など）
6（六・二四―七・二五）　罰則
7（八・一―一〇・八）　共同体の聖化と規律、トーラー遵守とトーラー違反者に対する罰則、監督（ないし賢者。マスキール）に関する掟
8（一〇・九―一一・一二）　賛歌と祈り（神の偉大さと人間の卑賤《ひせん》）

トーラー

トーラー（Torah）とは、「教示、教え」を意味するヘブル語で、最も広義にはユダヤ教の「教え」の全体を指す。それは「神の民イスラエル」に対して示された「神の意志」そのものであり、キリスト教における「啓示」という概念に近い。

ユダヤ教においては「書き記された」（written）トーラー（キリスト教の旧約聖書）と、「口伝」（oral）トーラー（『ミシュナ』〈後二〇〇年頃編纂〉や『バビロニア・タルムード』〈後五世紀頃に編集〉と『パレスティナ・タルムード』〈後四世紀半ば頃から五世紀にかけて編集〉などを中心とするいわゆるラビ文献）とに二大別される。

狭義には、トーラーは「旧約聖書」全体を、さらに狭義には「モーセ五書」（創世記—申命記）を指す。トーラーはしばしば「律法」と訳されるが、本書では「律法」という、漢訳聖書に由来する曖昧で不適切な邦訳語を避け、原則としてトーラーというヘブル語をそのまま音写して用いる（土岐・二二八頁など参照）。

「共同体の規則」の写本は、1QSの他に、第四洞窟から一〇の写本断片が（4Q255－264＝4QS MSS A－J）、第五洞窟から一つの写本断片が（5Q11）発見されている。

注目されるのは、1QSで祭司が「ザドクの子ら」と呼ばれている部分に並行する4Q256（＝4QS MS B）と4QS258（＝4QS MS D）には「ザドクの子ら」という言葉が現れないことである。たとえば、1QS5,2の「ザドクの子ら」は並行する4Q256 Frag.5.3では「多数者」となっている。元来、平等主義的であった宗団が、時を経て「ザドクの子ら」による指導体制（階級制）へと移行した可能性が考えられる。

古文書学により、1QSは前一〇〇年頃から前七五年頃のものとされているが、第四洞窟出土写本の最古のものは、前二世紀の終わり頃とされ、「共同体の規則」の成立年代は前二世紀半ば頃と考えられている。おそらく何度かの編集を経ているのであろう。「義の教師」（後述）が「共同体の規則」の成立に深く関わっていたことはほぼ間違いないであろう。

「会衆の規則」

「共同体の規則」には、一種の補遺として、「会衆の規則」（1QSa）と「祝福の言葉」（1QSb）が付加されている。

「会衆の規則」は、メンバーの守るべき規則という点では1QSと共通する面もあるが、冒頭に、それら全体が終末時に関わるものであることが明記されており（ここから「メシア時代の規則」とも呼ばれる）、祭司のメシアの下に、祭司が会衆全体を指導することが強調され、王的（イスラエルの）メシアが祭司の下位に置かれていることが注目される。

共同体の中には、聖なる天使がいると考えられている（二・九）。出エジプト記、レビ記、民数記の中の祭司文書的な要素の影響が顕著である。女や子ども、そして結婚適齢期（二〇歳）が言及されていることも注目される。次に述べるように、メシア（祭司的メシアと非祭司的なイスラエルのメシア）との将来の（終末時の）会食の様子が描かれている。

クムラン宗団の会食

クムラン宗団は、このメシア的会食にならって、日々の会食を行っていた。

ヨセフスの証言によれば、エッセネ派は会食の前に、仕事着を脱いで（白い）亜麻布の衣を身にまとって沐浴《もくよく》し、「まるで聖なる（神殿）境内へでも入るように食堂へ入」り、食前と食後に祭司が祈りを献げ、全員が食前と食後に神をほめたたえる（「共同体の規則」では「食前の祝福〈感謝〉」のみが言及されている）。ちなみに、カトリックの修道院でも、特に温暖な地域では、教会での奉仕と食堂での食事の際には、普段の仕事着とは別の、より清潔な衣服に着替えるとのことである。

「共同体の規則」では、共同体の会食の際、まず最初に祭司が「パンとぶどう酒」に手をさしのべてそれらを祝福する、とあるが、「会衆の規則」でも同じ順序で「パンとぶどう酒」が挙げられている。

「パン」が先で「ぶどう酒」が後という順序は、創世記一四18で、メルキゼデクが「パンとぶどう酒」を持ってきて、アブラハムを祝福したとあるのと一致し、共観福音書（マタイ、マルコ、ルカ福音書）の描く最後の晩餐の時の順序とも一致している（ちなみに今日のユダヤ教ではこの順序が逆転している）。

クムラン宗団では、共同の会食は、エルサレムの神殿祭儀に代わるものと考えられていた。クムラン遺跡の建造物の外部に土器の破片や、深鍋の中またはそれらの下に多くの動物の骨が埋蔵されているのが発見され、それらはエルサレム神殿での動物祭儀の処理の方法を思わせる仕方で処理されている。

共同体にとって規範的（教科書的）な書物として、「ハグ（ないしハギ）の書」（一・七）という書物が挙げられている。これはおそらく「瞑想《めいそう》の書」という意味であり、クムラン写本の中に七回登場するが（「ダマスコ文書」一〇・六、一三・二、一四・八など）、旧約聖書にも他の古代ユダヤ教文献の中にも現れない。

この書物は学習の対象であり、「会衆の規則」では、若者がこれによって教育されることが定められている。これは、他の箇所で「モーセのトーラー」や「トーラーの書」と呼ばれているものと同一のものである可能性が高い（「ダマスコ文書」の節参照）。

以下は「会衆の規則」（1QSa）の内容概観である。

1（一・一―五）　序（本書は、終末時のイスラエルの全会衆のための規律である、との宣言）

2（一・六―一八）　人生の諸段階（幼年時代、一〇歳、二〇歳、二五歳、三〇歳）においてなすべきこと、許されること

3（一・一九―二三）　高齢者のつとめ、無能者についての定め
4（一・二二―二五）　レビ人のつとめ
5（一・二五・二七）　集会の聖潔
6（一・二七―二・三）　共同体の会議に招集される者たち
7（二・三―一〇）　共同体の会議に招集されない者たち
8（二・一一―二二）　メシアと共なる会食における作法

「会衆の規則」の成立年代は、前七五年以前であろうと推測されている。

「祝福の言葉」

「祝福の言葉」（1QSb）も、メシア時代（終末）にかかわるものと考えられ、「監督（ないし賢者。maskiyr＝マスキール）のための祝福の言葉」という言葉をもって始まり、共同体の全メンバーに対する祝福、祭司的メシア（ないし大祭司）、祭司、イスラエルのメシア（会衆の指導者）への祝福が続く。最後の部分は欠損している。以下はその内容概観である。

1（一・一―二・二一）　信仰深い人々の祝福
2（二・二二―二八）　宗団の個々人の祝福

3　（三・一―一六）　職務にある祭司の祝福
4　（三・一七―二一）　宗団の他の構成員の祝福
5　（三・二二―四・二二）　ザドクの子ら（祭司）の祝福
6　（四・二二―二八）　ザドクの家系の大祭司の祝福
7　（五・一―一九）　断片的で不明
8　（五・二〇―二九）　会衆の君（指導者）の祝福

「会衆の君（指導者）」（nəsiyʼ haʽedah＝ネスィー・ハーエーダー）ないし「全会衆の君」という言葉は、他の五つのクムラン写本にも現れるが、終末に現れる救済者なるメシアを指すものと思われる。クムラン文書におけるメシアについては、第七章において総括的にまとめてみることにしたい。

2　「感謝の詩篇」

「感謝の詩篇」（$1QH^a$. 他に断片として$1QH^b$,$4QH^{a-e}$＝4Q427－431. H＝Hodayoth＝ホーダーヨース＝感謝）は、そこに含まれる多くの詩がʼodhakhah ʼadhonay＝オーデカー・アドーナーイ＝「主よ感謝します」という定型句で始まっていることから、このように名付けられた。

マタイ福音書一一25、ルカ福音書一〇21のイエスによる神への呼びかけも「天地の主なる神よ、あなたに感謝します」という言葉で始まっている。「感謝の詩篇」の多くの詩が、迫害や苦境から神が詩人を救い出したことへの感謝の気持ちを述べている。

最初の二つの欄は完全に失われ、第三欄はわずかな断片のみが残されているため、元来いくつの詩が記されていたのかはよくわからない。残されているのは、二四ないし二五の詩篇である。

最初にE・スーケニークが再構成した写本断片の配列（欄の番号付けなど。『死海文書』はこれによる）は、現在では大幅に見直されており（シュテーゲマンとピュエシュの研究以来。Martínez, Wise-Abegg-Cook, Vermes はこれによる）、本書でもこの新しい配列に従う。

詩の多くは、詩人（人間）の卑しく罪深い状態を描き、これに対して、神のただしさと力とを対比させている。詩人は、自らの弱さ・無知・罪深さにもかかわらず、神が、神の秘義を理解することを許したもうたことを、繰り返し感謝する。これらの詩篇の性格は、共同体的であるよりは、個人的である。

旧約聖書詩篇の影響

「感謝の詩篇」は旧約聖書の特に詩篇の影響下にある。たとえば、一〇・一九の「私を捕らえようとして彼ら（悪人たち）が広げた網は、彼らの足にからみつき、私の生命をねらって彼らが仕掛けたわなに、彼らが落ち込んだ」は、詩篇九15（口語訳聖書では16）「異邦人（諸国民）は自分が作った穴に落ち、自分が仕掛けた網に足をとられた」や、詩篇三五7「彼らはゆえなく私を捕らえようとして網を仕掛け、ゆえなく私の魂を滅ぼそうとして穴を掘ったからです」や、詩篇一四二4（口語訳聖書では3）「私が歩く道に、彼らはわなを仕掛けた」の影響を受けていることは明瞭である。

このような旧約聖書の語法の影響は、「感謝の詩篇」が特定の個人の現実的な体験に基づいて作られたものであることを否定しない。

なめらかな事柄を求める（解釈する）者たちの群から、あなた（神）は貧しい者（'ebyon＝エブヨーン）の魂を救い出した。彼（貧しい者）があなたに仕えているので（仕えている間に）、彼らは彼の血を流すことによって彼を滅ぼそうとはかったのです（一〇・三二）。

私が苦悩（災難）の内にあるとき、あなた（神）は私を慰める。私は（あなたから与えられる）赦《ゆる》しを喜び、私の以前の罪を悔います（一七・一三）。

あなた（神）はあなたの真理をもって私を教え、あなたはあなたの驚くべき（不思議な）秘義を私に知らしめて下さいました（一五・二六―二七）。

などの詩句は、この詩人の真情をよく表現している。

彼は、おそらくクムラン宗団の指導者の一人であり、「義の教師」である可能性が高い。というのも、「わが神よ、あなたは私を人の子らから隠し、あなたのトーラーを私の中に隠しました、あなたの救いを私にあらわす時まで」（一三・一一―一二）、「あなたはあなた自身を全き光としてあなたの力の内に私に明らかに示し……あなたの契約の内に集う者たちは皆、私に尋ね、あなたのみ心の道を歩む者たちは私に耳を傾ける」（一四・二三―二四）や、「あなた（神）は私を（あなたの）寵愛の子らの父のごときもの、また驚異の人々の乳母のごときものと、なさいました」（一五・二〇―二一）などの詩句は、詩人が共同体において指導的な立場にあったことをうかがわせるからである。

彼は、共同体の内部からも攻撃を受けることがある。

私のパンを食べるすべての者たちですら、その踵《かかと》を私に向かってあげ、私の会議に参加した者たちは皆、邪悪な舌で私をあざけった（一三・二三―二四）。

「感謝の詩篇」の中のいくつかは、たとえば五旬節（ペンテコステ）における契約更新の祭のような機会に歌われたのかもしれないが、多くは、おそらくもっと頻繁に（日常的に）歌われていたものと思われる。そのほとんどすべての成立は、後述のペーシェルよりも前であると考えられており、いずれにせよクムラン宗団の神学を考える上で、最も重要な資料の一つである。以下の引用に際して1QH^a^は1QHと省略する。

3　「ダマスコ文書」

「ダマスコ文書」（CD＝Cairo Damascus［Document］）は前述のように、一八九六年にカイロで発見されていたが（後一〇～一一世紀の写本）、クムランの第四洞窟から八つの写本（4Q266－273）が発見されたほかに、第五洞窟（5Q12）と第六洞窟（6Q15）からも写本断片が発見され、クムラン宗団の愛読書の一つであったことが明らかになり、一種の「名誉クムラン写本」として他のクムラン写本と共に研究の対象となっている。クムラン出土の「ダマスコ文書」の最古の写本は前一世紀始め頃と推定されている。

「ダマスコ文書」という名前は、本文中に、本書の内容がダマスコにおける新しい契約（共同体）に関わることが繰り返し記されていることによる。年毎に行われた契約の更新を祝う祭の際に朗読されたのかもしれない。

本書に現れる「ダマスコの地」が現実のダマスコか否かをめぐっては諸説が提出されてきた。たとえば、アモス書五25―27（二七節には「それゆえ私（神）はあなた方（イスラエル）をダマスコのかなたへ捕らえ移す」とある）を宗団が終末論的に解釈したもので、「ダマスコの地」とはクムランを指すとする説や、バビロンを指すという説や、どこか他の土地を指すという説などがあり（クック・一三一〜一三二頁）、いまだに決着がついていない。

おそらく「ダマスコ文書」の結尾部と思われる部分が、「見よ、これはトーラーの最後の解釈として見出されたもののすべてである」という言葉で終わっていることから、H・シュテーゲマンは、「トーラーの最後の解釈」が本書の元来のタイトルであったと主張している。「ダマスコ文書」は、「義を知る者たちはすべて耳を傾けよ、そして神のもろもろのみ業をしかと見分けよ」という言葉で始まる。それは1QSに類似するさまざまな規則を含み、言語や思想（神学）の点でも類似が認められるが、相違点もあり、1QSがクムラン宗団という特定の修道院的なグループ独自のものであるのに対して、CDはパレスティナ各地に住んでいた広い範囲のエッセネ派の綱領的文書であった可能性が高い。

CDでは結婚や財産の私有など、特殊修道院的ではない世俗生活が前提されており、近くに異邦人が住んでいることがうかがわれる（一一・一四―一五他）。また、献げ物を神殿に献げ、神殿で犠牲を献げることが前提されていることも（一一・一七―二〇）、他のクムラン写本には認められない特徴である。

しかし同箇所では、何らかのけがれを持つ者の手に、神殿への献げ物を託すことを禁じ、その根拠として箴言《しんげん》一五8「悪しき者の犠牲祭儀は忌むべきものであるが、義人の祈りは（神に）喜ばれる（受け入れられる）献げ物である」が引用されており、1QSの同様の記述と類似している。

さらに四・二〇-二一では一夫一婦制が、創世記一27「彼（神）は彼らを男と女として造った」を引用して定められている。五・一-五では支配者（ナースィー）に関して申命記一七17「彼（王）は自分のために多くの妻を持ってはならない」を引用して一夫一婦制を命じ、ダビデは「（契約の）箱の中にあった、封印されたトーラーの書を読まなかった」という理由で、複数の妻を持ったことが免責されている点が注目される。創世記一27は、マルコ福音書一〇6では離婚を禁止する典拠としてイエスによって引用されている。

安息日の禁忌

「ダマスコ文書」一〇・一一-一一・一八には安息日に関する規定がまとめて記されている。そこに認められるトーラー解釈（生活規定）は、一般にパリサイ派のそれよりも厳格である。

たとえばパリサイ派（ラビ文献による）は、安息日には自分の住む町から二〇〇〇キュビト（=約八八〇メートル）以上遠くまで出てはいけないとされているが（『ミシュナ』「エルビン」四・三、一七、民数記三五5、ヨシュア記三4参照)、「ダマスコ文書」一〇・二一では一〇〇〇キュビトとされている。もっとも一一・五―六では、家畜を養うためには二〇〇〇キュビトまで出てもよいとされている。

また、ルカ福音書一四5でイエスは、「あなた方の誰かの息子あるいは牛が井戸に落ちたとして、安息日にはすぐに引き上げてやらないだろうか」と問いかけて、安息日におけるいやしを弁護している。ここでは、安息日の労働禁止命令にもかかわらず、息子や牛のような大切なものをその生命の危機的状況から救出することが許されていたことが前提されている。これはおそらくパリサイ派の立場であったと考えてよいであろう。

ところが、「ダマスコ文書」には以下のように記されている。

誰も安息日には家畜を救出してはならない。そして、もしもそれが穴または水路に落ちても、安息日にはそれを引き上げてはならない。……誰であれ水のある場所または［……］の場所へ落ちたならば、誰もはしご、ロープまたは（他の）道具を用いて、彼を引き上げてはならない（一一・一三―一七）。

つまり、安息日に家畜を救出することは全面的に禁止し、人間の場合は、道具を使って救出してはならないということで、後者の場合、道具を使わなければよいのであろう。ちなみに、前記『死海文書』は、この引用文の最後の部分を「上げてやらなければならない」とまったく逆に訳しているが、原文には明瞭に否定詞がある。

その他、安息日には、恥ずべき（愚かしい）話（dabhar nabhal＝ダーバール・ナーバール）や空しい話は禁じられ（CD 10.17－18. 1QS 7,9では「恥ずべき（愚かしい）話」は、安息日以外にも禁じられている。イザヤ書五八13でも、安息日には「無駄話」が禁じられている）、安息日以外の日の仕事について話してもならない、とされている。

また、自然の水のあるところで身をきよめる際に、その水を直接飲むのはよいが、その水を器に汲んではならず、安息日に異邦人に自分の代わりに仕事をさせてはならず、家畜を打ってもならず、物を家から持ち出しても持ち込んでもならず、安息日に献げるべき燔祭《はんさい》以外の献げ物を祭壇に献げてはいけない、など多くのことが禁止されている。

最後に挙げた燔祭については、ヒッレル（イエスの年長の同時代人。パリサイ派の中の穏健派）が、過越祭《すぎこしのまつり》が安息日と重なった場合、過越しの子羊を犠牲として献げるよう定めたことと比較される。「ダマスコ文書」はこのヒッレルの立場を否定している。

注目されるのは、「ダマスコ文書」の「各人はその兄弟を自分自身のように愛すること、貧者・貧窮者・改宗者（改宗した異邦人）を支え（助け）ること、各人はその兄弟の平安を願い求めること」（六・二〇－七・一）という規定である。ここで「兄弟」と言われているのは「隣人」と同義的であろう。

この規定は、新約聖書に頻出する「あなたはあなたの隣人をあなた自身のように愛しなさい」（マタイ福音書一九19、二二39、マルコ福音書一二31、33、ルカ福音書一〇27、ローマ人への手紙一三9、ガラテヤ人への手紙五14、ヤコブの手紙二8）を思い起こさせる。この規定はレビ記一九18に由来する。

一〇人の裁き人

「ハグ（ないしハギ）の書」と呼ばれる書物については、「会衆の規則」の項で述べたが、「ダマスコ文書」の中に三回現れる。一〇・六によれば、会衆の中から選ばれる一〇人の裁き人は「ハグの書と契約の基礎に」通じておらねばならず、一三・二によれば、一〇人が集まるところには「ハグの書」に通じた祭司が一人いなければならず、一四・八によれば、多数者を統括すべく定められた祭司（単数形）は「ハグの書とトーラーの諸規定に」通じていなければならない。

「共同体の規則」六・六―八には、一〇人が集まるところには「夜昼たゆむことなくトーラーを学ぶ者」が一人いなければならないとある。この箇所と「ダマスコ文書」一二・二の背後には、ヨシュア記一8の「このトーラーの書をあなたの口から離すことなく、昼も夜もそれについて瞑想し（haghah＝ハーガー）……」が想定される。したがって、「ハグの書」は「トーラーの書」とほぼ同義と考えてよいであろう。

「ダマスコ文書」は宗団の歴史にも言及するが、謎めいた表現により語られる内容は明瞭ではない（一四七～一四八頁参照）。

エッセネ派の歴史の中で、「義の教師」と呼ばれる人物が決定的に重要な役割を果たしており、彼が前二世紀後半ないしは前一〇〇年頃に宗団に加わり、宗団の歴史を新たな段階へと導いたものと思われる。

彼に対立する者として、「偽りの人（うそつき）、あざける者」などと呼ばれる人物と、これに従う者たちが登場する。この敵対者は、エッセネ派（ないしその先祖）から離反した者である可能性が高い。なお後述する「悪の祭司」は「ダマスコ文書」には現れない。

「共同体の規則」の項で記したように、「ダマスコ文書」一五・六～一三にも入会の手続きと思われる文章が認められるが、その内容は明瞭ではない。

手続きは、入会志願者が、「共同体の規則」にも登場する「調査官（hammabhaqqer＝ハッメバッケール）と話す」ことから始まり、再度「調査官」の前に立つまでは、共同体の「掟」は教えられないこと、最後に志願者が「全身全霊をもってモーセのトーラーに立ち帰ることを身に負う（誓う）」ことによって、正会員とされること、などが記されている。

いずれにせよ、これは「共同体の規則」や、ヨセフスの書き残しているエッセネ派の入会手続きよりも簡略である。前述のように、「ダマスコ文書」は広くパレスティナ各地に住んでいたエッセネ派の綱領的文書であり、入会手続きが簡略なのも、そのためであろう。これに対して「共同体の規則」は、より厳格な生活を送るクムラン宗団への入会手続きに言及しているものと考えられる。「ダマスコ文書」六・一〇―一一には、「日々の終わりに義を教えるであろう者」への待望が認められるが、おそらくこの人物はメシアと考えてよいであろう。

七・二〇の「全会衆の君」は明瞭にダビデの末裔として待望されていたメシアを指す。一九・一〇―一一、二〇・一、一二・二三―一三・一と一四・一九では「アロンとイスラエルのメシア」の到来が待望されている。

4　「戦いの巻物」

「戦いの巻物」（1QM. M＝Milḥamah＝ミルハーマー＝戦い。1QMの他に4QM$^{a\text{-}f}$＝4Q491－496もある）は、終末時の聖戦、「光の子ら」と「闇の子ら」との戦い、のための、宗教的軍事的な諸規定からなる。

キッティーム

最初に「光の子ら」（神に属す）と「闇の子ら」（ベリアル＝サタンに属す）とに属する諸集団が列挙され、続いて「キッティーム」と称せられる宿敵との七段階の戦闘に言及し、光の子らは三度「悪を打ち」、「ベリアルの軍隊は」三度態勢を立て直して光の子らを「後退させ」(一・一三―一四)、七度目の戦闘で「神の偉大な手が［ベリアルと］その配下にあるすべての天使たちを征服する」(一・一四―一五)。

続いて三三年にわたるイスラエルと諸民族との戦いに言及する。「［諸王国］を支配せよ……イスラエルは永遠に支配するであろう」(一二・一五―一六)、「神の偉大な手が、永遠の殺戮のうちに、ベリアルと彼の支配下にある［……］すべてのものに対して（上げ）られる時に［……］」(一八・一。一八・三をも参照）などと、光の子らの闇の子らに対する最終的な勝利が繰り返し語られる。ベリアルの支配下にある悪しきユダヤ人も滅ぼされる。

ちなみに、「キッティーム」という言葉は、キプロス島のキティオンという町の名に由来する。創世記一〇4ではノアの子ヤペテの子ヤワン（イオニアないしギリシアを指す）の子の一人であり、民数記二四24には「キッティームから船団がやって来てアシュルとエベルを攻め悩ますが、彼もまた滅びるであろう」とあり、エレミヤ書二10には「キッティームの島々へと渡ってみよ」とあり、キッティームはイスラエルから見て西方の民族を指して用いられているものと考えられる。ダニエル書一一30ではローマを指して用いられているが、旧約偽典「ヨベル書」ではギリシアの諸島に住む民を指すようである（二四28―29、三七10）。旧約外典「第一マカベア書」一1、八5ではマケドニアを指す。

クムラン写本ではキッティームは「ハバクク書註解」(二・一二―一四など)、「ナホム書註解」(4Q169＝4QpNah, Frags.1－2, Col.2.3; Frags.3－4, Col.1.3)など、七つの文書に現れるが、「戦いの巻物」ではキッティームは一八回登場し、もっとも数が多い。

従来、このキッティームはローマを指すと考えられており、現在でもそれが多数説であるが、最近の説として「戦いの巻物」は前二世紀の第三四半期にまとめられたもので、そこに登場するキッティームはシリアのセレウコス王朝を指すとするものがある。

これは、他のクムラン写本に現れるキッティームを、同様にセレウコス王朝を指すとみなすことを意味しない。たとえば、本書六四～六五頁で触れた、シリア総督クラッススによる、前五四年頃のエルサレムの神殿財宝掠奪に言及したものと思われる「ハバクク書註解」九・三－七に現れるキッティームは、当然ローマ(軍)を指すものと考えられる。

同じ「ハバクク書註解」の三・九－一二に現れるキッティームは、「海の島々からやって来て、鷲《わし》のようにすべての国民を食らいつくして、飽くことがない」とあり、西方からやって来ることと、鷲はローマ(軍)のシンボルであったことから、このキッティームもローマ(軍)を指すと取るのが自然である(「ハバクク書註解」六・二－五をも参照)。

「戦いの巻物」では神と天使たちの介入は語られるが、他のいくつかの文書に見られるメシア的称号の「全会衆の君」は五・一で一回言及されるのみで、戦いの帰趨《きすう》には関係しない。

人類は善(光)と悪(闇)とに二分され、それぞれに守護天使がいる(この点1QSなどと共通)。「共同体の規則」でも、敬虔な者たちが「光の子ら」と呼ばれており(一・九、三・二四－二五）、彼らの背後には「光の君」がおり（『戦いの巻物』一三・一〇、「共同体の規則」三・二〇、「ダマスコ文書」五・一八）、ベリアルと彼に従う者たちに対する呪《のろ》いが述べられている（『戦いの巻物』一三・四、「共同体の規則」二・四以下）。

クムラン写本に現れるこれらのベリアルおよび光と闇への言及は、コリント人への第二の手紙六14－15「……正義と不法とは何を共同に持つのか、光と闇との間に何の交わりがあるのか、キリストはベリアルと何の協調点があるのか、信仰を持つ者は持たない者と何を共にするのか」に大きな光をあてるであろう。

トイレとの距離

「戦いの巻物」七・六－七には、「すべての陣営とトイレ（直訳は「手の場所」）との間には、約二〇〇〇キュビト（約八八〇メートル）の距離を置かねばならない」とある。その直前には、聖なる天使たちが彼らの軍勢と共にいると明記されている。

これは申命記二三13－15（口語訳聖書では12－14）を思い起こさせる。そこには、「あなたは陣営の外にトイレを設け、そこへ出ていって用を足さねばならない。また武器とともにスコップを持ち、あなたが（陣営の）外で坐るとき、それを用いて穴を掘り、向きを変えて、あなたの便を覆わねばならない。なぜならば、あなたの神なるヤハウェが、あなたを救いあなたの敵をあなたの手に渡すべく、陣営の真ん中を歩きたもうからであり、それゆえ、あなたの陣営は聖性を保持しなければならない。彼（ヤハウェ）があなたの中になにか不作法なものを見て、あなたから離れ去ることのないためである」とある。

「戦いの巻物」では、排便によって陣営をけがしてはならない理由として、ヤハウェの臨在が天使の臨在へと変えられている。

霊において貧しい者たち

新約聖書との関連で注目されるのは、「霊において貧しい者たち（ʿanwey ruaḥ＝アヌウェー・ルーアハ）によって、かたくなな心が〔……〕、完全無欠に道を歩む者たちによって悪しき諸国民はすべて滅ぼされるであろう」（一四・七）という一句で、この「霊において貧しい者たち」は、まさにマタイ福音書五3の「霊において貧しい者たち（hoi ptōkhoi tōi pneumati）」という表現とぴったりと一致する。

ptōkhoi というギリシア語は七十人訳聖書に一〇〇回出てくるが、その内三九ヵ所が ʿaniy（アーニー。貧しい、苦しみ悩まされている、謙遜な）の訳語（その他は dal〈ダル。低い、弱い、貧しい、薄い〉の訳語として二二回、ʾebhyon〈エブヨーン。貧しい〉の訳語として一一回）である。

七十人訳聖書では逆に、ヘブル語 ʿaniy（アーニー）は、ギリシア語 adynatos（力のない）、asthenēs（弱い）、penēs（貧しい）、prays（柔和な）、ptōkhos（貧しい、極貧の）、

tapeinos（低い、目立たない、苦しみ悩む、謙遜な）などと訳されている。

「ハバクク書註解」一二・三では、「悪の祭司」に迫害される人々が「貧しい人々（'ebhyoniym＝エブヨーニーム。'ebhyon の複数形）」と呼ばれており、「感謝の詩篇」一三・一三―一四では、作者である詩人は神に対して「貧しい人々（'aniy）の魂」の救済を願い求めている。

「詩篇註解」（4Q171＝4QpPs[a], Frags.1－10, Col.2.10）では、詩篇三七11の「貧しい（柔和な）者たち（'anawim＝アナーウィーム）が地を取得し、豊かな平安（繁栄）を喜ぶであろう」に対して、これは「貧しい人々の会衆」を指す、と註釈を加え、彼らは「定められた苦悩の時を受け入れ、ベリアルのすべてのわなから救い出されるであろう」と続けている。

「戦いの巻物」一三・一三―一四には、神の力強い手が「貧しい人々」と共にあると記されている（一一・九、一三でも、光の子らが「貧しい人々」と呼ばれている）。「霊において貧しい者たち」は、「戦いの巻物」においてもマタイ福音書においても、「敬虔な人々、悩み苦しむ人々、柔和な人々、謙遜な人々」を指すと解してよいであろう。

なお、「霊において貧しい者たち」と同義的な表現として、「共同体の規則」八・三に「砕かれた霊」（ruaḥ nishbarah＝ルーアハ・ニシュバーラー）という言葉が現れる。

これは詩篇五一19（口語訳聖書では18）の「砕かれた霊」と一致し、詩篇三四19（口語訳聖書では18）の「心の砕かれた者たち」（nishbarey lebh＝ニッシュベレー・レーブ）に近く、詩篇一四七3やイザヤ書五七15「わたし（神）は……心砕けて、へりくだる者と共に住み、へりくだる者の霊をいかし、砕けたる者の心をいかす」（口語訳聖書）などを思い起こさせる。

「戦いの巻物」一一・一〇にも「砕かれた霊」（nikhʼey ruaḥ＝ニクエー・ルーアハ）という言葉が現れるが、これはイザヤ書六六2の「霊において砕かれている人々」（nakhey ruaḥ＝ネケー・ルーアハ）とほとんど同じヘブル語である。クムラン宗団の人々は、自らをこのような者としてとらえていた。

5　「外典創世記」

「外典創世記」（1QapGen. ap＝apocryphon＝外典、Gen＝Genesis＝創世記）は、第一洞窟出土の七つの巻物の内、唯一アラム語で記されている。

保存状態がきわめて悪く、一九五六年にようやく専門家の手によって巻物が開かれた。冒頭部や最後の部分を始めとして欠損が多いものの、創世記を敷衍《ふえん》した、二二欄からなる書物であることが判明したが、元来創世記のどれほどの部分を敷衍したものであったかは不明である。近年になって、コンピュータを用いた画像強調処理（image enhancement）により、従来は解読不可能であった欠損部分の一部が解読可能となった。

解読可能な部分は、ノアの懐胎《かいたい》・誕生に始まり、創世記一五14に対応する内容で終わっている。各場面の主人公（レメク、ノア、アブラハム）は二一・二二までは一人称で語っているが、その後はアブラハムが三人称で描かれている。

ノアたちの物語

レメクは妻バテノス（この名前は創世記には現れないが、旧約偽典「ヨベル書」四28でもレメクの妻の名とされている）が天使によって懐胎したのではないかと思い（創世記六1–4参照）、気が動転する。妻はこれを否定するが、レメクは不安が解消されず父メトセラに相談し、メトセラは父エノクに相談する（欠損多く詳細は不明）。

ノア誕生の様子は「外典創世記」では欠損により不明であるが、これに対応すると想定される旧約偽典「第一エノク書」（「エチオピア語エノク書」）によれば、「彼（ノア）の身体は雪のように白く、またばらの花のように赤く、頭髪、（ことに）頭のてっぺんの髪は羊の毛のように白く、眼は美しく、彼が眼をあけると、それは太陽のように家中を隈《くま》なく照らし、家全体がいよいよ明るくなった」（一〇六2。村岡崇光訳）とある。

ノアの洪水の場面は欠損により不明だが、箱船が「フララト山」の上にとどまったこと、ノアが全地のためにあがないの犠牲を捧げたこと、雲の中にしるし（おそらく虹）が現れたことなどが読み取れる。

ノアは大きなぶどう園を作り、四年後にぶどう酒ができ、創世記とは異なり、ノアはぶどう酒を飲んで酔いつぶれて醜態をさらすことなく、家族を集めて新酒の祝いをし、神に感謝し神をあがめる。

全世界がノアの子孫に割り振られたこと（欠損多く詳細は不明）に続いて、第一九欄からはアブラハム物語が始まる。アブラハムは飢饉のためエジプトへ下り、妻サラが誘拐されることを予示する夢を見、それをサラに話し、エジプト人が彼を殺すことのないように、アブラハムのことをサラの兄弟と言うように、と話す。

アブラハムはエジプトの高官たちの前で「エノクの言葉を記した（書物）」（一九・二五）を読む。第二〇欄の前半はサラの美しさを事細かに描いている。

サラはエジプト王ゾアンに連れ去られるが、神は疫病の霊や悪霊を送り、ことの次第を悟ったエジプトの高官ヒルカノスの忠告により、アブラハムがエジプト王の「頭の上に手を置いた」ことにより、疫病の霊や悪霊は彼を離れた。この所作は、福音書においてイエスが病人の上に手を置くことによって病を癒したという記事（マルコ福音書六5、ルカ福音書一三13）を思い起こさせる。

二一欄〜二二欄は、ほぼ創世記一三3–一五4に対応するが、アブラハムの甥ロトがソドムに家を買ったこと（アブラハムの牧者たちとロトの牧者たちとの争いにはふれない）、その時、アブラハムはベテルの山に住んでおり、ロトとの別れを悲しんだこと、アブラハムが神から約束された土地を実際に行き巡ったことなど、創世記を自由に敷衍している。「外典創世記」は、「ヨベル書」、「第一エノク書」、偽フィロン「聖書古代誌」（後一世紀）などにも見られるように、当時のユダヤ教徒が旧約聖書を自由に敷衍しつつ読んでいたことをうかがわせる貴重な資料であり、また、アラム語の資料の少ない時代のアラム語の姿を伝える、貴重な資料でもある。

6 「ハバクク書註解」

「ハバクク書註解」（1QpHab. p＝pesher＝ペーシェル）、すなわちペーシェルとは、旧約聖書の書物に対する註解（書）のことである。クムラン宗団が現在を終末の（接近している）時と考え、自分たちの経験（した歴史）に照らしつつ、預言者たちを中心とする旧約聖書の言葉が現在の自分たちにおいて実現しつつあると考え、それらが自分たちにとっていかなる意味を持つのかを明らかにしようとしたものである。

ペーシェル

ペーシェルは、おそらくクムラン宗団が独自に生み出した文学類型で、神による救済の経綸における彼ら独自の位置が、排他的に、聖霊を通して（そしておそらく「義の教師」を通して）彼らに示されたとの信仰に基づいている。

ペーシェルの対象は、詩篇以外はすべて預言書で、クムラン宗団では詩篇も預言書の一つと考えられていたのかもしれない。「ハバクク書註解」の他に、イザヤ書（3Q4, 4Q161–165）、ホセア書（4Q166–167）、ミカ書（1Q14, 4Q168）、ナホム書（4Q169）、ゼパニア書（1Q15, 4Q170）、詩篇（1Q16, 4Q171, 173）のペーシェル、そして同定されていないペーシェル断片（4Q172）が残っている（以上一八）。PrincetonDSS,Vol.6B はこれらの他に、「その他の註解書」として、創世記（4Q252–254, 254a）、マラキ書（4Q253a, 5Q10）などに対する一〇の註解書を挙げている。

PrincetonDSS,Vol.6B に収録されているペーシェル、その他の註解書およびそれらと関連のある諸文書における旧約聖書引用の回数は、イザヤ書が七五回、詩篇が五一回、創世記が四九回、ハバクク書が四四回、ナホム書が二四回、ホセア書が一九回ときわだっており、クムラン宗団がこれらをとりわけ重んじていたことをうかがわせる。

これらの他に、主題別の註解もあり、他の文書中にも同様の（「……そのペーシェルは」という導入文を持つ）註解が認められる。

ペーシェルのほとんどすべては、写本が一つしかないため、著者の自筆文書（autograph）であると考えられている。「ほとんど」というのは、筆写者が書き写した際に生じたと思われる書き誤りや、その欄外の訂正が、わずかながらいくつかのペーシェルに認められるからである。

ペーシェルの中でも「ハバクク書註解」（ハバクク書一、二章への註解）が、保存状態が比較的良いだけでなく、内容的にも重要である（何らかの意味のある歴史的情報を我々に提供しているのは、「ハバクク書註解」と「ナホム書註解」のみであり、歴史上の人物の名前を書き残しているのは「ナホム書註解」のみである）。

「ハバクク書註解」には、「ダマスコ文書」に現れる「義の教師」（祭司）や「偽りの人」と並んで、「悪の祭司」（おそらく大祭司）なる人物が登場する（この人物は一部の註解書にのみ現れる）。これらの人物については、次章で詳しく取り上げることにしたい。

「ハバクク書註解」の内容の一部を紹介しよう。

私は私の持ち場（見張り所）に立ち、塔（砦）の上に身を置く。彼（ヤハウェ）が私に何を語るか、そして私の訴えにつ［いて彼がな］んとこたえるかを見るために。するとヤハウェは私にこたえて［おっしゃった「幻を書き記し、それを］板の上に［はっきりと読みとり得るようにせよ。それを読む者が走］ることが［できる］ように」（ハバクク書二1-2）。

［……］そして、神はハバククに、最後の（未来の）世に起ころうとしている事柄を書

き記すようにと語ったが、その（終末の）時期の成就を彼（神）は彼に知らせなかった。［……］そして「それを読む者が走ることができるように」とそこに記されているが、その意味（pishro＝ピシュロー＝その註解）は、義の教師に関わる。彼に対して、神はその僕《しもべ》なる預言者たちの言葉のすべての秘義を知らしめた（六・一二-七・五）。

義の教師こそが、神から預言者を通して示されたすべての「秘義」の真意を、神から示された唯一の人物であり、クムランのペーシェルは、すべてこの義の教師の教えを受けた者たちによって記されたものと考えてよいであろう。

「「義人はその信仰（'emunah＝エムーナー＝LXX: pistis＝忠誠）によって生きる」（ハバクク書二4）」。その意味は、ユダの家のトーラーを守るすべての者たちに関わる。彼らの苦難と義の教師に対する彼らの忠誠（'emunah）のゆえに、神は彼らを裁きの家から救い出すであろう（七・一七-八・三）。

「ユダの家」は、クムラン宗団のメタファーであろう。この部分は、ロマ書一17「というのも、「義人は信仰（pistis）によって生きるであろう」と書かれているように、神の義はその（福音の）中に、信仰から信仰へと、啓示されるからである」を思い起こさせる（ハバクク書二4は、ガラテヤ書三11でも、そしてハバクク書二3-4はヘブル書一〇37-38でも、引用されている）。

「ハバクク書註解」が、ハバクク書の中のヤハウェによる生命の約束の言葉を、トーラーの遵守のみならず、クムラン宗団の指導者たる義の教師に対する「信仰（忠誠）」によって成就するものと解していることは、パウロが同じハバクク書の言葉を、イエス・キリストに対する「信仰」によってもたらされる生命を指すものと解していることの、ユダヤ教における背景として注目される。

7 「神殿巻物」

「神殿巻物」は、神がシナイ山において直接モーセとイスラエル民族に語った諸規定という形を取っており、全編において神が一人称で語っているが、時に神が三人称になる箇所もある。三つ（ないし五つ）の写本が残されているが（$11QT^a$=11Q19, $11QT^b$=11Q20, 4Q524. 4Q365a, 11Q21 の二つは神殿巻物の写本らしいが明瞭ではない）、$11QT^a$ はおそらく六七欄から成っていたと考えられ、最初の一欄と最後の部分は欠損しているが、死海写本中最長の巻物である（約八メートル五三センチ）。

その内容の約三分の一強を、新しくエルサレムに建てられるべき神殿の構造と、そこで行われるべき祭儀に関する事柄が占めており、神殿（と神殿境内）こそが本書の最大の、中心的な関心であることから、「神殿巻物」と命名された。

「神殿巻物」の内容

以下、11QT^{a}に従って「神殿巻物」の内容を概観してみたい。そこに示されている神殿の形は現実のエルサレム神殿の形とは異なっている。

学者の中には、「神殿巻物」の中に記されている「神殿」は、神殿の丘を中心とした地域のみでなく、エルサレム全体を指すと解する者もある。いずれにせよ、「神殿巻物」の神殿は、神の臨在を中心としてそこから発する聖性が周囲へと広がっていく、同心円的な区域からなる境内を構成している。クムラン遺跡の建造物の構成もこれにならっているとの指摘もある。

また「神殿巻物」では、「ヨベル書」、「第一エノク書」（いずれも旧約偽典であるが、クムラン洞窟から写本断片が出土）や、その他のクムラン写本に現れる一年三六四日からなる太陽暦が前提されている。

「神殿巻物」は、申命記と密接な関連を示しつつ、申命記を中心とする旧約聖書（出エジプト記、レビ記、民数記）の法的な部分の一部を、独自の立場から解釈し編集したもので（一部、旧約聖書に現れない事柄も取り扱われる）、編者の意図は、新たな神の啓示を、旧約聖書の一部を書き直すことによって示すことにあったのであろう。

編者は従来のモーセ五書を廃棄してそれに取って代わるものを作ろうとしたのではなく、あくまでも従来のモーセ五書を前提してそれを補いつつ、あるいはモーセ五書に続く第六の書として、神の新しい啓示を提示しようとしていると考えられるが、「神殿巻物」には十戒（出エジプト記二〇章、申命記五章）が見出されないことが注目される。

欠損の多い冒頭部分は、シナイ山でモーセに二度目に与えられた契約ないしトーラー（出エジプト記三四章以下）を思い起こさせる。

「神殿巻物」の編者は、祭と犠牲祭儀、レビ人の特別な役割、浄と不浄、王の特権と義務、イスラエルにおける日常生活に関する諸規定、などに特別な関心を抱いている。

祭

「神殿巻物」には一四の祭が記されている。それらは、過越祭《すぎこしのまつり》（一月一四日）、種入れぬパンの祭（一月一五日から七日間）、贖罪《しょくざい》の日（七月一〇日）、仮庵の祭（七月一五日から八日間。ただし神殿巻物は第四日目までしかふれていない）などのほかに、五〇日ごとにめぐってくる初物の祭、すなわち大麦の初物の祭（大麦の束を揺り動かす祭。一月二六日。旧約聖書には日付が記されていない）、五旬節（七週の祭＝ペンテコステ。小麦の初物の祭。三月一五日。旧約聖書には日付が記されていない）、ぶどう酒の祭（ぶどうの初物の祭。五月三日）、（オリーブ）油の祭（六月二二日）が明記され、さらに、たきぎの祭（六月二三日～二九日）が言及されている。

たきぎの祭は、ネヘミヤ記一〇34によるものと思われるが、ぶどう酒の祭と（オリーブ）油の祭については、旧約聖書に記されていない。

なお「神殿巻物」をも含めてクムラン写本にはプリム祭とハヌッカ祭が現れない。前者はエステル記に記されている祭で、クムラン写本の旧約聖書写本の中にエステル記が存在していないことと関係があり、後者はマカベア戦争に起源を持つ祭である故に（五一頁参照）、反ハスモン（マカベア）王朝的なクムラン宗団においては祭の中に加えられなかったものと思われる。

「神殿巻物」の内容を概観すると、ヤハウェ以外の神に仕える「土地の住民」と契約を結ぶことの禁止（第二欄。第一欄は欠損）、あるべき神殿と神殿に関連した建造物に関する規定、祭の暦と犠牲祭儀に関する規定（第三欄―第一二欄）、神殿境内と関連する建造物に関する規定（第三〇欄―第四四欄）、聖都（エルサレム）の聖性について（第四五欄―第四七欄）、きよめに関する規定（第四八欄―第五一欄一〇行）、犠牲、誓い、偶像崇拝などに関するさまざまな法的規定（第五一欄一一行―第五六欄一一行）、王に関する法（第五六欄一二行―五九行）、その他の日常生活に関するさまざまな規定（第六〇欄―第六七欄）である。

編者はおそらく、いくつかの資料を用いていると思われるが（歴代志上下の言語および関心との密接な関連が指摘されている)、それらの資料に関しては諸説があり、学者の間で意見の一致を見出せない状態である。

「神殿巻物」はおそらくいくつかの構成部分が徐々に一つにまとめられたと考えられるが、その最終編集は、ほぼ前二〇〇~前一七五年頃、つまりマカベア戦争以前であろう。「神殿巻物」には「ダマスコ文書」の規定と共通するテーマや内容が(時に相違を示しつつ)認められる。たとえば、レビ記一八12-13は、おば(叔母、伯母)と甥の肉体関係(結婚)を禁止しているが、「神殿巻物」六六・一六-一七と「ダマスコ文書」五・七-一〇は、おじ(叔父、伯父)と姪との肉体関係(結婚)をも禁止している。

またさらに、イエスの十字架刑を連想させる、磔刑《たっけい》の規定(後述参照)は、「生きたまま木に架けること」に言及する「ナホム書註解」(一六三頁参照)と並行する(旧約聖書には「生きたまま木に架けること」は現れない)。

しかし、クムラン写本に広く認められる、現実のエルサレムの神殿体制に対する批判や論争的な姿勢が、「神殿巻物」には認められないことが注目される。これは、右記のように、本書の起源が、クムラン宗団成立以前(マカベア戦争以前)にさかのぼることによるものであろう。

不浄の規定

興味深い規定として、「性交渉のあった者は（夜の流出＝夢精のあった者同様）三日たってきよめの儀式をすますまでは神殿の町に入れないこと」（四五・一一―一二。「ダマスコ文書」一二・一―二では、神殿の町での性交渉そのものを禁じている）、「神殿の町の東に、ハンセン病者・（精液を含む）流出のある者のための特別の地域を確保すること」（四六・一六―一八。マルコ福音書一四3で「ハンセン病者シモン」の家がエルサレムの東のベタニヤにあることと関連?）、「どの町でも、墓地は町の外に作ること。ハンセン病者・流出のある者・月経期間中および出産後の女は町の中に入れないこと」（四八・一一以下）が挙げられる（なおハンセン病と訳されてきたものが具体的に何を指していたのかはよく分からない）。またトイレについて「（神殿の町の）北西に屋根付きの、穴を備えた、トイレ（直訳は「手の場所」）を作ること」、「トイレは（エルサレムから）三〇〇〇キュビト（約一三二〇メートル）離れた場所に設置すること」（四六・一三―一六。「戦いの巻物」七・六では、トイレは宿営から二〇〇〇キュビト＝約八八〇メートル離れているよう定められている）などが明記されている。

Y・ヤディンは、ヨセフス『ユダヤ戦記』五145のギリシア語によるエルサレム描写中の地名Bethso（ベートゥソー）を「排泄物の家」の意のヘブル語の音写と解し、それがエルサレムの北西に位置していること、「エッセネ門」と呼ばれる門と並べて（近くに）置かれていることから、それはエッセネ派のトイレ施設を指し、エッセネ派は「エッセネ門」を通ってそこへ赴いたのであろう、と指摘している。

最後の点について付け加えれば、明記されていないけれども、トイレは安息日に外出を許された距離（一〇四〜一〇五頁参照）を超えるので、安息日には排便できなかったことになる。ヨセフスも『ユダヤ戦記』二147で、エッセネ派は安息日には排便しなかったと記している。

このような規則が平時において全エッセネ派によって守られていたとは、常識的に考えがたい。これは終末的な戦争の際（「戦いの巻物」）や、理想的なエルサレムにおける規定（「神殿巻物」）と考えるのが自然であろう。

またエルサレムの「北西」にトイレを設置せよとの規定は、現実の神殿境内で「北西」にトイレと用便後の身をきよめるための水槽施設が設置されていたことによるものであろう。ヨセフスもエッセネ派は用便後に沐浴する（『ユダヤ戦記』二148-149。巻末補遺参照）と記しており、クムラン遺跡でもトイレは身をきよめるための水槽施設に隣接した部屋の西の端に設けられている。

「4Qハラカー　C」（4Q472）と名付けられた断片的な写本には、「排泄物を覆うこと」という記述があり、これも、ヨセフスがエッセネ派は衣服で覆って穴を掘りそこへ排泄後、「掘った土で穴をふさぐ」と記していることと一致する。ヨセフスは穴を掘るための「くわ」ないし「手斧」に言及しているが、それとおぼしき鉄の小型のスコップがクムラン遺跡から発掘されている。

ヨセフスは「最もさびしい場所を選んで、これをする」と記しており、「神殿巻物」が屋根付きのトイレに言及しているのと異なるように見えるが、クムラン遺跡のトイレも、その住民全員の用に応えるには小さすぎることから、おそらく屋外で用便をする者もあったと考えられている。遺跡の「北西」のコーナーに、身をきよめる沐浴のための水槽が位置しているのも、屋外トイレと関連がある可能性が高い。

そのほかに、王に対する一夫一婦制の厳命（「ダマスコ文書」五・一—五にも同様の規定がある）と離婚の禁止（五七・一七以下。一般人はなおさらであろう）や、国家反逆罪（同胞たるユダヤ民族に対する裏切り）に対する処罰として、（死体ではなくて）生きたまま木に架けて殺すことなどの規定が見出される。

反逆罪への規定

「神殿巻物」六四・六—一三には、次のように記されている。

もしも彼の（自分の）民に敵対してスパイ行為を行い、彼の民を裏切って外国の民に売り渡し、あるいは彼の民に災い（邪悪）を引き起こす者があるならば、あなたは彼を木に架けねばならず、彼は死ぬであろう。……もしも死刑に処されるべき罪を犯した者がいて、彼が諸国民の間に逃れて、彼の民とイスラエルの子らを呪うならば、彼もまたあなたは木に架けねばならず、彼は死ぬであろう。彼らの屍は木の上で夜をこしてはならない。そうではなく、あなたは彼らをその日の内に埋め（葬ら）ねばならない。彼ら、つまり木に架けられた者たちは、神と人とに呪われているからである。このように、あなたは、私が嗣業としてあなたに与える土地をけがしてはならない。

この最後の部分は、申命記二一23とほとんど同じヘブル語で記されている。申命記では、処刑された者の死体を木に架けることについて記されているが、「神殿巻物」は、生きている者を木に架けて処刑することについて記している。ここにおいて、申命記二一23における「木に架けられた者は神に呪われている」という命題が、磔刑へと意味を変えて適用されていることが注目される。

パウロは、ガラテヤ書三13では申命記二一23を引用しつつ、「キリストは私たちのために呪いとなることによって私たちを法の呪いから解放して下さった」と述べ、コリント人への第一の手紙一23では、宣教の内容である「磔刑に処せられたキリスト」は「ユダヤ人にとってつまずきのもと」であると記し、ガラテヤ書五11でも「磔刑のつまずき」について語っている。「神殿巻物」はこれらの章句の理解にとって不可欠の資料を提供している。

なお、古代における磔刑の実態については、M・ヘンゲル『十字架——その歴史的探究』（土岐正策・健治訳、ヨルダン社、一九八三年）を参照されたい。

8　第四洞窟出土の「4QMMT」

4QMMTは、その中に認められる「トーラーの諸規定（ないし、業）」（Miqtsath Ma'seyhat-Torah＝ミクツァス・マアセー・ハットーラー。4Q398, Frags.14－17, Col.2 3）というヘブル語の頭文字からMMTと名付けられたが、「ハラカー書簡」とも呼ばれる。

第四洞窟から六つの写本が発見されており（4Q394－4Q399）、最も古いものは前一世紀後半に年代付けられている。

本書は、宗団の指導者が、対立するエルサレムの祭司たちの指導者に宛てた書簡、という体裁を取っており、約二〇のハラカー（口伝トーラーから発展した法的規定）について自説を主張し、それに従わない者たちを激しく非難する。

クムラン宗団の一種のマニフェストのようなものであるが、注目されるのは、そこに含まれている規定には「神殿巻物」と共通する面が多く、しかもそれらの中には、後代のラビ文献が伝えているパリサイ派とサドカイ派の論争において、サドカイ派が主張する立場と一致する見解が示されていることである。

赤い雌牛の祭儀

たとえば、民数記一九1‐10によれば、祭司は赤い雌牛をイスラエルの宿営の外で屠《ほふ》って燃やした後、衣服を洗い、水で身をきよめた後、宿営に入り、燃やした雌牛の灰を集め、宿営の外のきよい場所にたくわえ、イスラエル人のけがれ（罪）をきよめるための水を作るが、その際、灰を集めた者は夕方までけがれた状態にあると記されている。

この箇所をもとに、ユダヤ教では、この灰に新鮮な水を加え、身のきよい人がヒソプ（芳香植物の一種）をその水にひたし、きよめられるべき人または物に振りかけた。

ラビ文献によれば、サドカイ派は民数記の言葉を文字通りに受け取ったが、パリサイ派は、「夕方まで」完全な効果は現れないとしても、沐浴（水で身をきよめること）によって何らかの変化が起こるのであり、それは「半分（第二級）のけがれ」の状態である、と考えた。パリサイ派は、赤い雌牛の祭儀全体は「半分のけがれ」の状態にある者によって執行されるべきだと主張して、祭儀の場へ行く途中の大祭司をわざわざけがして、もう一度沐浴をやり直させた。

赤い雌牛の場合には、我々は大祭司をけがす。「この祭儀はその上に太陽が沈んだ者によってのみ執行されるべきである」という立場を取っていたサドカイ派の意見と戦うために、人々は雌牛を焼く祭司をいったんけがして後に、彼に沐浴させていた、と学んだのだから（『バビロニア・タルムード』「ゼバヒム」二一a）。

彼ら（イスラエルの長老たち）はまず雌牛を焼く祭司を不浄な者としたが、それはサドカイ人が「その儀式はその人の上に太陽が沈んだ人々によってのみ執行されるべきだ」と言うことができないようにするためである（『ミシュナ』「パラ」三・七）。

「神殿巻物」には、赤い雌牛の祭儀に関する規定はないが、一般論として、沐浴した後、日没を過ぎた者のみが、十全な祭儀的清浄に達する、と主張している（四九・二〇、五一・五）。これはサドカイ派の立場を思い起こさせる（クック・一六四頁。ボウカー・一二〇頁以下とそこに示されている参照箇所を参照）。4QMMTは、赤い雌牛の祭儀に直接言及して、次のように記している。

［罪祭のための］あか［い］雌牛の清浄に関しては、［それを屠る者、それを焼く者］、灰を［集める者］、そして［きよめの水］を振りかける者、［これらの者たちはすべて日没になって］清浄となるべきである。［清浄な者がけがれた者にきよめの水を振りかける］ためである（4Q395［4QMMT^{b}］, Frags.1, 7–9）。

これは右に記したサドカイ派の立場と一致する。
なお、新約聖書のヘブル人への手紙九13-14の「もしも山羊や雄牛の血や若い雌牛の灰」がけがれた人の上に振りかけられてけがれを取り除くのであれば、なおさら「永遠の霊を通して御自身を疵《きず》のない（献げ）ものとして神に献げたキリストの血は私たちの良心をきよめないであろうか」は、赤い雌牛の祭儀に言及している。

けがれと液体の流れ

もう一つ例を挙げると、容器1から容器2に注がれた液体の流れは、もしも2がけがれていた場合、1へとけがれを逆流させるか否かという問題に関して、『ミシュナ』「マクシリン」五・九には、液体が蜂蜜やバターのように密度の高いものでなければ、けがれが逆流することはない、とあるが、サドカイ派は、どんな液体の流れであっても、切れ目なく流れていればけがれを逆流させ（伝え）る、と主張した（ボウカー・一三四〜一三五頁）。この場合も4QMMTはサドカイ派と同意見である。

［流れる（注がれる）液体に関して、我々は］その中に［清浄］はないと言う。［流れる（注がれる）液体］は［せ］いじょうから不浄を分け（隔てる）ことはあり得ない。［なぜなら、流れる（注がれる）液体］と、それが入っているものの水分は、それ（流れる

液体）と同じなのだから（4Q396［4QMMT^c］, Frag.1, Col.2, 6−9）。

クムラン遺跡から発見された土器の壺（ないし瓶）が「卵形」ないし「円筒形」で、口部が広く、「おわん」型のふたが付いているものに限られており、他の遺跡から発掘されたものと対照的な特徴を示しているのは、けがれが容器2から容器1に「逆流」するのを避けるため、「柄杓《ひしゃく》」（クムラン遺跡で発見されている）で容器の中のものを別の容器に移すという習慣であったのも、一因であると考えられている。

これらの例が示すように、4QMMTの受け取り手（宛先）であるエルサレムの祭司たちの立場はむしろ、ラビ文献の伝えるパリサイ派の立場に近いことになる。

従来、エッセネ派ないしクムラン宗団は、サドカイ派ともパリサイ派とも対立していたとされてきたが（基本的にはこれは今でも正しい）、事はそれほど単純ではなかったことになる（対立するグループの間にも共通の見解があったことを示すのか、サドカイ派がパリサイ派の見解に従っていることをとがめているのか？　ラビ文献の資料的価値・取り扱いの問題も浮上する）。

一部の学者（特にシッフマン）が主張するように、クムラン宗団＝サドカイ派とは考え難いが、クムラン宗団とサドカイ派との間には、おそらくその先祖にさかのぼると、何らかの密接な関係があったのではないかと推定される。

サドカイ派という名称は「ザドク」（正確にはツァードーク。これは tsedaqah＝ツェダーカー＝〈正〉義に由来する）というダビデ、ソロモン時代の大祭司の名前に由来し、その流れをくむとの意識を示すものである可能性が高い。他方、クムラン宗団がいくつかの文書（とりわけ 1QS, 1QSa, 1QSb, 4QFlorilegium＝4Q174＝「詞華集」, CD）の中で、指導的立場にある祭司たちを「ザドクの子ら」と呼んでいることも、同じ「ザドク」との結びつきを意識したものであるとすれば、形成期ないし前史にさかのぼると、両者は同じグループの内部抗争により分裂した可能性も高い。

とすれば、両者の見解に何らかの共通性があっても不思議ではないことになる。いずれにせよ、「神殿巻物」と４ＱＭＭＴは、旧約聖書から後代（後二〇〇年頃以降）のラビ文献に至る、法伝統（トーラー理解・解釈）の展開の重要な段階の証言として、新約聖書との関連も含めて、注目を集めている。

第四章　クムラン宗団の思想

1　クムラン神学

終末論的二元論

クムラン宗団の神学はどのようなものであったのかについては、これまで記してきたところから、うかがい知ることができるものと思うが、ここでその基本的な神学思想を探ってみることにしたい。

まじめに生き、この世と誠実に対峙（しようと）する人は、自らの精神と肉体を支えるのに困難を覚え、現実の世界の中に自分自身の位置を見出しがたい思いにとらわれ、疎外感と無力感にさいなまれることも、まれではない。

消滅すべきは、罪と悪と無秩序に満ちたこの現世である。罪過の共同性を深刻に感じ取り、知的誠実を貫こうとするとき、死後の世界、あるいはこの世を超えた世界へと、賢者は思いを馳《は》せる。

旧約聖書の後期の預言者の黙示的思索においては、したがって、この世界の救済は、まったく新しい天と地との現出をもって語られる（イザヤ書六五17、六六22。新約聖書のペテロの第二の手紙三13、ヨハネ黙示録二一1をも参照）。この世界は人間の罪責の重さに耐え得ない。初期ユダヤ教黙示文学を生み出した人々もまた、このような思いを共有した。そこでは罪悪の最終的な裁決は終末時の神の審判に委ねられる。

創造から終末に至る歴史全体がいくつかの「時期」に区分され、秘義的な教えが、選ばれた義人に、排他的に、そして超越的な世界（神ないし天使）から、啓示される（「黙示」の原語であるギリシア語アポカリュプシスは「啓示」を意味する）。

クムラン宗団は、このような黙示的終末論的な共同体の一つであった。徹底した終末論的二元論は、その著しい特徴をなす。

ところで、この世に対するペシミズムと二元論を（ニュアンスの相違はあるにせよ）黙示文学と共有しながらも、終末論的超越的にではなく、いわば内在的に問題と対峙しようとする伝統が、古代イスラエルには存在した。

天地の創造者なる唯一の神を前提するとき、この世界は、いかに悪と無秩序に満ちているように見えても、根底的な意味を我々に示すはずである。神は人間にとっては測り知ることができない存在であるかもしれない。しかし、神は知恵をもってこの世界を創造したのであり、この知恵をこそ賢者は探求しなければならない。

この知恵文学の伝統もまた、クムラン宗団に受け継がれている。しかも興味深いことに、クムラン文書の宗団起源と思われる写本中、知恵文学的な要素（知恵文学的な特徴ある訓戒・語彙《ごい》・文体）を含む写本の数は、黙示文学的なそれと比べて、まさるとも劣らないのである。

ただし、写本を「宗団的（宗団起源の）」文書と「非宗団的」文書に仕分けすることは容易ではなく（異論が多い）、さらに、黙示文学的な本文と知恵文学的な本文との区分もまた明確ではないこと、文学類型的な仕分けは必ずしも内容と正確に対応しないこと（宗団規律的文書の中にも黙示的要素・世界観が存在し、賛歌や詩篇の中にも知恵的文辞が見出される）を、心にとめておく必要がある。

基本的に黙示的終末論的な共同体であるクムラン宗団が、数多くの知恵文学的な要素を含む文書を残していることは、新約聖書における黙示的終末論的な章句と知恵文学的な章句の混在と、並行することが注目される。クムラン写本における「知恵」的本文は、第七章第3節で取り上げることにしたい。以下、新約聖書との関連にも留意しつつ、クムラン宗団の基本的な神学を概観してみたい。

宗団の思想内容

クムラン宗団（文書）の基本的な思想内容を要約概観すると、次のようになる。

クムラン宗団は、現在を終末直前の時代（マルコ福音書一15「神の王国は間近に迫っている」、マタイ福音書一六28および並行箇所、ヨハネ黙示録一3、二二10参照）、あるいはむしろ、終末時代の初期段階とみなしている（この実現した終末論、あるいは実現しつつある終末論という見方は、新約聖書と共通する）。

旧約聖書の正しい解釈が（義の教師を通して）神から彼らに排他的に啓示され、特に旧約聖書の預言書の内容は現在の彼らを取りまく状況を予言したものである、と考えており、旧約聖書、特に預言書を、彼らの体験に直結させて解釈する（ルカ福音書四21「この（旧約聖）書（イザヤ書の言葉）はあなた方が耳にした今日成就した」と同一〇23－24参照）。新約聖書もまた旧約聖書はイエスの事実を予言したものである、とみなしている。

預言者たちは、神により「油注がれた者（メシア）たち、定められた時を見る者たち」（「戦いの巻物」一一・七－八）と呼ばれている。また、エルサレム神殿体制を批判ないし否定し（マルコ福音書一一15－17と並行箇所、一三2と並行箇所、マタイ福音書二一33－46と並行箇所、使徒行伝七48、一七24、ヘブル人への手紙九11参照）、ハスモン王朝とヘロデ王朝の腐敗堕落を厳しく糾弾し、神によるまったく新しい神殿建立を、終末論的に待望している。エルサレム神殿批判は、旧約聖書正典からいくつかの旧約偽典に引き継がれ強化されている（「シビュラの託宣」第四巻、「ソロモンの詩篇」二3、八11－12参照。神の手になる新しい神殿の待望については「第一エノク書」〈エチオピア語エノク書〉九〇章、「ヨベル書」

一27参照)。「神殿巻物」についてはすでに記したとおりである(そのほかに、「祝福の言葉」〈1QSb〉四・二五―二六「あなたが神の王国の神殿において仕えるように」、4Q212〈=4QEnoch^g〉4,18「大いなるお方(神)の王国(王権)の神殿が建てられるであろう……代々限りなく」も参照)。

彼らは間近な終末における、モーセないしエリヤのごとき預言者と、二人のメシアの到来を信じているが、メシアの一人は祭司、もう一人は王的人物で、前者はアロンの末裔、後者はダビデの末裔である。

「モーセの黙示B」(4Q377, Frag.1, Col.2.5)には、「ヤハウェが油を注いだ者(メシア)であるモーセの口を通して(命じた)ヤハウェのすべての掟」とある。これはモーセを「メシア」と呼んでいる唯一の初期ユダヤ教文献である。申命記一八15、三四10ではモーセは預言者とされている。

終末における、モーセのごとき預言者の待望は申命記一八15―18に、エリヤのごとき預言者の待望はマラキ書三23(口語訳聖書では四5)に由来する。右に記したように預言者もメシア的人物と見ることもでき、そうすると、三人のメシアが待望されていたことになる。祭司的メシアが王的メシアの上位にあり、宗団の構成員の中でも非祭司(一般信徒)に対して祭司が上位に位置付けられている。クムラン宗団が祭司的共同体とも呼ばれるゆえんである。これは後のキリスト教における神父や牧師と一般信徒との関係と類比的である。

宗団に属する者たちは「光の子ら」（一テサロニケ五5参照）、彼らに敵対する者たちは、ユダヤ人であると否とを問わず「闇の子ら」（同箇所、コロサイ書一12-13参照）と呼ばれ、前者は光の天使あるいは光の君（ミカエル〈「誰が神のようであろう」の意〉、メルキゼデク〈「義の王」の意〉とも呼ばれる。二コリント書一一14参照）の指導の下にあり、後者は闇の天使（闇の君）（ベリアル〈「価値なきもの」の意〉、メルキレシャ〈「悪の王」の意〉、マステマ〈「敵意」の意〉とも呼ばれる）の支配下にある。

両勢力はやがて、それぞれの天使の指揮の下、宇宙規模の大戦争へと向かうが、この戦いは現実のローマとの戦いと言うよりは、終末論的である。激しく苦しい戦いを通して、神の手により決着が付けられ、光の子らの勝利に終わる（第三章第4節「戦いの巻物」参照）。

神への感謝の祈り

クムラン宗団の詩人は、神に向かって次のような感謝の祈りを捧げる。

あなたはあなたのしもべをそのすべての罪から「きよめて（救い出して）」下さいました（「感謝の詩篇」1QH 4, 11）。

……そして私の腐った心。というのも私はけがれの中を転げ回り……（1QH 4, 19）。

［主よ、あなたに感謝します］、あなたはあなたの聖霊をあなたのしもべの上に汗いで下さった［からです］……（1QH 4, 26）。

あなたの恵みによってのみ人は罪を赦《ゆる》され、あなたの豊かなあわ［れみ］によって［きよめられるのです］（1QH 5, 22－23）。

すべての罪と悪とをあなたは消し去り、あなたの義はすべての被造物の日に啓《ひら》き示されます（1QH 6, 15－16）。

あなたは寛大であわれみ深く、罪を赦し［……］あわれみ……。あなたのしもべからみ顔をそらせないで下さい、あなたのはしための子を［拒まないで下さい］（1QH 8, 24－26）。

［……］あなたの知識の知恵をもって、彼らが存在する前から彼らの行程をお定めになりました。……あなたを離れては何事も生じません。［……］これらのことを私はあなたの知識によって知っています。あなたが私の耳を驚くべき神秘へと開いて下さったか

らです。私は粘土の器、水でこねられたもの、恥の基、けがれのみなもと、不法のるつぼ、罪の建物、あやまちの霊、悟り無くさまよう者、あなたの義なる裁きを恐れる者であるにもかかわらず（1QH 9, 19－23）。

粘土の器であるこの私はなにものでしょう。水でこねられたこの私はなにものでしょう。私の力は何でしょう。というのも私は悪の支配下にあり……（1QH 11, 23－24）。

肉（死すべき人間）……粘土の器……は、母の胎にあるときから罪の内にあり、老齢に至るまで罪と不法の内にとどまるのです。人間は義を持たず、人の子は全き道を歩むことのないことを、私は知っています。いと高き神にすべての義なる行いは属している……（1QH 12, 29－31）。

人間とは一体なにものでしょう。人は土くれに過ぎず、粘土から形造られ、そして人はちりへと還らねばなりません。……私はちりと灰、この私は、あなた（神）がお望みにならなければ何事を計画することができましょう。あなたの同意がなければ、何事を考案することができるでしょう。……あなたが私の口を開くのでなければ何を語り得ましょう。あなたが私に洞察をお与えになるのでなければ、どのように答えることができるでしょう（1QH 18, 3－7)。

私の裁き（義認）（mishpaṭ＝ミシュパート）は神のうちにある。私の道の完全と私の心の正しさは彼の手の中にある。彼の義（tsedhaqah＝ツェダーカー）によって彼は私の罪（pesha'＝ペシャー）をぬぐい去って下さる（「共同体の規則」1QS 11, 2－5)。

私は邪悪なる人類に、不義なる肉の群に属している。私のあやまち、咎《とが》、罪は、私の腐った心とともに、ウジ虫の群、暗闇を歩む者の群に属している。……たとえ私がよろめいても、神の恵み（ḥesedh＝ヘセド）が私を永遠に救って下さる。たとえ私が肉の罪につまずいても、永遠に変わることのない神の義（tsedhaqah）のうちに、私の裁き（義認）（mishpaṭ）はある（1QS 11, 9－12)。

彼（神）はその真実の義によって私を裁き、その豊かな恵みをもって常に私のすべての罪（'awon＝アーウォーン）をあがないたもう（1QS 11, 14)。

このような、自らの卑しさ罪深さと、すべてに先行する神の自由な恵みの告白こそが、「クムラン神学」の根底をなす。彼らは、きわめて厳しい、パリサイ派以上に厳格なトーラーの諸規定の遵守を自らに課しているが、それは契約に基づく神の恵みによる救済を前提しており、しばしば言われるような「行為義認主義」でもなければ「律法主義」でもない。

そもそもこの時代のユダヤ教がパリサイ派によって代表され、取り仕切られていたと考え、それを「行為義認主義」「律法主義」とみなすこと自体が誤りである（拙著『初期ユダヤ教の実像』参照）。クムラン宗団が自らを「霊において貧しい者たち」「霊において砕かれている者たち」とみなしていたことは、第三章の「戦いの巻物」の節で紹介した。

マタイ福音書二〇26―27、二三11―12、ルカ福音書一八9―14（一八13「神よ、罪人である私をあわれんでください」）などの言葉をかりれば、彼らは神の前に自らを低くする罪人であり、パウロの多くの言葉に喜んで同意するであろう（たとえば、二コリント書四7「私たちはこの宝を土の器の中に持っている」）。

彼らは「恵みによって選び出された残りの者」（ロマ書一一5）である。新約聖書の中から同趣旨の言葉を選び出すことは、容易である。

2　義の教師と悪の祭司など

義の教師

「義の教師」（moreh hatstsedheq＝モーレー・ハッツェデク）はクムラン宗団の最も重要な指

導者と考えられており、「悪の祭司」（hakkohen harashaʿ＝ハッコーヘーン・ハーラーシャー）は義の教師と彼に従う者たち（クムラン宗団）にとって不倶戴天の敵である。「悪の祭司」とは「大祭司」（hakkohen hareʾsh＝ハッコーヘーン・ハーレーシュ）との語呂合わせに基づく蔑称かもしれない。

「義の教師」が誰であるかは不明であるが、ダビデ家ならざるハスモン家がユダヤの支配者となり、あまつさえ大祭司を僭称《せんしょう》することに強く反対した、おそらくは伝統的な大祭司の家系であるザドク家に連なる者の一人であり、一種のカリスマ的指導者であったと思われる。「ダマスコ文書」の冒頭部分には、「ダマスコ文書」を残した集団の創設にふれると思われる、次の文章が見出される。

　彼（神）は、彼ら（神をあざける者たち）が背信の内に彼を離れた時に、そのみ顔をイスラエルから、そして彼の聖所から隠し、彼らを剣にわたした（エゼキエル書三九23参照）。しかし彼（神）は最初の者たち（イスラエルの先祖）と結んだ契約を思い起こし、イスラエルの残りの者たちを残し、彼らを滅亡させなかった。そして、（彼の）怒りの終わりの時に、すなわち彼ら（イスラエル）をバビロンの王ネブカドネザルの手に引き渡してから三九〇年後に（エゼキエル書四5参照）、彼は彼らに眼を向け、イスラエルとアロンから植物の根を生え出させた（イザヤ書六〇21参照）、彼の土地を受け継がせ、彼の肥沃な土壌で繁茂させるために。そして彼らは彼らの罪（'awon＝アーウォーン）を悟り、彼らが罪深き民であることを知った。そして彼らは二〇年の間、盲人のように道を手探りで探す者たちのごとくであった。しかし神は彼らの行いを、（すなわち）彼らが心の底から（全霊をもって）彼（神）を（探し）求めたことを認め、そのみ心の道に沿って彼らを導くために、彼らのために義の教師を起こした（一・三―一一）。

イスラエルを「ネブカドネザルの手に引き渡し」たとあるのは、第二回バビロン捕囚、すなわち前五八七ないし五八六年を指すのであろう。とすると「三九〇年」を文字通りとれば、前一九七／六年頃に、神は「イスラエルの残りの者たち」の共同体を起こしたことになり、そしてさらにそれから二〇年後、すなわち前一七七／六年頃に「義の教師」が現れたことになる。

これはシリアの王セレウコス四世（在位前一八七年～前一七五年）の時代と重なることになり、マカベア戦争勃発（前一六七年頃）よりも前のことになる。これは多くの学者の想定する宗団の発足時期よりも早すぎる。

「三九〇年」はエゼキエル書四5に基づく可能性が高いが、これはおよその数であり、前二世紀の半ば頃以降に何らかの集団が徐々に形をなし、前二世紀の後半から前一〇〇年頃に「義の教師」が活動を開始した可能性が高い。

義の教師はクムラン宗団の原型となる集団を自ら創設したのではなく、そのような集団が成立した後に、それに加わったようである。「悪の祭司」によってクムランに追放されたとも考えられる。「ダマスコ文書」によれば、義の教師はその率いる共同体とともに「裏切り者の群」と戦った。対して「裏切り者の群」は「あざける者」「偽りのおしゃべり」あるいは偽りの説教者)」「偽りの人」(後述)などと呼ばれる人物が指導していた。「共同体の規則」(1QS)によれば、クムラン宗団の人々は、

欺きの者たちの集《つど》いから離れた。主の道を備えるために荒野へと行くために。「荒野に主の道を準備せよ、我らの主のために砂漠に幹線道路をならせ」(イザヤ書四〇3)と記されているように。これは、モーセを通して彼(神)が命じた、トーラーの研究のことを指している。それ(トーラーの研究)は、折々に啓示されたすべてのことに従って、また彼(神)の聖霊によって預言者たちが啓示したところに従って、行われる(八・一三―一六)。

彼らは、エルサレムの神殿体制との軋轢《あつれき》からエルサレムを逃れざるを得なかったとしても、イザヤ書四〇3の呼びかけにこたえて、トーラーを学ぶために「荒野」へと赴《おもむ》いたのである。

また、「詩篇註解」（$4Q171 = 4QpPs^a$, Frgs.1－10, Col.3.1－2）は、詩篇三七19ａを註解して、

荒野へ戻る者たち、彼らは千世代にわたって安全に暮らすであろう。彼らと彼らの子孫にはアダムの遺産がとこしえに属すであろう。

と記している。

荒野での禁欲生活

荒野については、初期ユダヤ教文献に目を転ずると、旧約外典「第一マカベア書」（前一三四年～前一二四年）二28－30には「彼（マッタティアス）と彼の息子たちは……山へ逃れた。そのころ多くの者たちが……正義とさばきを求めて荒野へやって来てそこに住んだ」（五〇頁参照）、旧約外典「第二マカベア書」（前一二四年）五27には「そのころユダ・マカベアは一〇人ほどの仲間と共に山へのがれて野獣のごとき生活を営み、身をけがさぬために草を食べて生命をつないでいた」、旧約偽典「イザヤの殉教と昇天」（後一世紀頃）二8－12には「そこにも不法ははびこっていたので、彼はベツレヘムを退去して、人里離れた山中に居を定めた。……昇天を信じる多数の篤信《とくしん》の徒が（そこへ）退いて、その山にたてこもった。彼らはみな毛の衣をまとい、いずれも預言者であった。彼らは裸で、無一物、イスラエ

ルの迷妄をひどく嘆いた。彼らは山中で集める野草のほかはなにも食せず…… 彼らが荒野にいたときのことであるが……」（村岡崇光訳）などとある。

このように、当時のユダヤ教には、けがれと艱難《かんなん》を避け、荒野において禁欲的な生活を行い、そこから新たな生活の開始を模索し、あるいは終末の到来を待望していた、いくつかのグループがあったことがうかがわれる。

出エジプト記三章によれば、モーセが羊の群を「荒野の奥」に導いていた時に、神が彼に現れたとされている。また新約聖書によれば、洗礼者ヨハネは「荒野」に現れた（マルコ福音書一4、マタイ福音書三1、ルカ福音書三2）。さらに、四つの福音書においても洗礼者ヨハネの出現は、イザヤ書四〇3と結び付けられている（マルコ福音書一3、マタイ福音書三3、ルカ福音書三4、ヨハネ福音書一23）。

クムラン宗団は、当初はおそらく迫害を逃れて荒野へと赴いたのであるが、最終的には荒野は彼らにとって、来たるべき終末に備えて、トーラーを学び、身をきよめて準備をする時期を過ごすべき場所として位置付けられたものと思われる。

「義の教師」との比較において注目されるのは、旧約偽典「モーセの遺訓」（前四年頃〜後三〇年頃）九章に登場するタクソ（レビ族の一人）という人物である。

彼は自分の属するイスラエルの罪と、それに対する罰のひどさを嘆き、七人の息子たちに「三日間断食し、四日目に野原にある洞窟に入ろう。……神の戒めを踏みはずすよりも、むしろ死のう。……わたしたちが……死ぬなら、わたしたちの血が主の前で仇《あだ》を要求するであろう」（九6‐7）と述べる。これに続いて一〇章で神の国の実現が描かれる。

　聖書写本を土器の壺に入れよとのモーセの指示（「モーセの遺訓」一17）は、クムラン写本の保存状態を連想させる。タクソという名前は、おそらくギリシア語のtaxon（タクソーン）「秩序を整える者、指図する者」に由来するであろう。このギリシア語が未来分詞形（やがて来たるべき人物）であることは、タクソの終末論的な役割を示している。

　タクソとそのグループは、義の教師とクムラン宗団とは異なるが、類似のユダヤ教のグループが同じ頃にユダヤに存在していたことが注目される。

「義の教師」は「ダマスコ文書」六・七‐一一、七・一八‐一九、「詩篇註解」（4Q171＝4QpPs^{a}, Frags.1－10, Col.3.19, Col.4.27）、「ハバクク書註解」（一・一三、五・一〇、七・四、九・九‐一〇、一一・五）、「ミカ書註解」（1Q14＝1QpMic, Frag.10.4）などでも言及されており、「感謝の詩篇」一〇・一三の「驚くべき秘義の明敏な（あるいは知識の）解釈者」と「詩篇註解」（4Q171＝4QpPs^{a}, Frags.1－10, Col.1.27）の「明敏な（あるいは知識の）解釈者」も義の教師を指す可能性が高い。

　こうして見ると、カリスマ性を携えた指導者として、義の教師とイエス（メシア）との類似性が想起されたかもしれない。クムラン写本には、義の教師の殉教も、ましてその復活や再来への期待も、見出されない。彼はメシアとは明確に区別されている。また初期ユダヤ教において広く期待されていた、メシアに先立って到来する預言者とも考えられてはいない（洗礼者ヨハネはこのように考えられた）。

「ダマスコ文書」との関係

「ダマスコ文書」二〇・二八、三二では、ひたすら義の教師の言葉に耳を傾け、神の前に自らの罪を告白するよう、教えられている。「ダマスコ文書」一九・三五―二〇・一と、二〇・一三―一四に「共同体の教師が取り去られた（集められた、heʾaseph＝ヘーアーセーフ）日」とあるのは、義の教師の死を意味するものと解されている。民数記二〇26は、同じヘブル語の動詞（アーサフ）を用いてアロンの死に言及している。

「ダマスコ文書」二〇・一には、「共同体の教師が取り去られた日から、アロンとイスラエルから出るメシアの起きるまで」とあることからも、義の教師がメシアと解されていたわけでもなく、彼がメシアとして再来すると考えられていたのでもないことは明らかである。

「ダマスコ文書」二〇・一三―一五も、義の教師の死に触れて「共同体の教師が取り去られた日から、偽りの者と共に向きを変えて立ち去ったすべてのいくさ人の終わりまでは四〇年あるであろう」と記す。彼の死は、クムラン宗団にとっては大きな打撃であったことは推測に難《かた》くない。それは宗団の歴史にとって、一つの時代を画するような出来事であった。

「ハバクク書註解」五・九―一二は、ハバクク書一13b「あなたは何故反逆者（裏切り者）

たちに目をとめ、悪しき者が彼よりも正しい者を呑み込む時に、黙っているのですか」について、次のように註記している。

その意味（解釈）はアブサロムの家と彼らの会議（'etsah＝エーツァー。計画？）に連なる者たちに関わる。彼らは、義の教師が譴責《けんせき》された時に沈黙を守り、偽りの人に対抗して彼（義の教師）を支えなかった。［……］彼（偽りの人）は彼らの全会衆の真ん中でトーラーを拒んだ（侮辱した）。

「アブサロムの家」が何（いかなる集団）を指すかについては定説を見出しがたいが、クムラン宗団から離れた分派（の一つ）であると考えてよいであろう。同じような集団として「ペレグの家」という言葉も現れる（「ダマスコ文書」二〇・二二―二四と「ナホム書註解」〈4Q169, Frags.3－4, Col.4.1〉の二回）。

「ダマスコ文書」によれば、「ペレグの家」と呼ばれる者たちは、「聖なる町の外に出た。そして彼らはイスラエルが罪を犯していた間、神に寄り頼んだ。しかし、彼らは、聖所がけがれているとみなした（にもかかわらず）、いささかの仕方で民の歩む道に戻った」。

ここには「ペレグの家」に対するいささかの好意が認められる。彼らは一時期、神に寄り頼み、クムラン宗団とも行動を共にしたが、結局はこれとたもとを分かち、他のユダヤ人たちと一緒になってしまったようである。

これに対して「ナホム書註解」のほうでは、「ペレグの家」は「ユダの悪しき者たち」と呼ばれており、同書の著者はこれに対して一貫して否定的である。したがって、「ダマスコ文書」と「ナホム書註解」の「ペレグの家」は、同一の集団を指してはいない可能性がある。

参考までに、聖書に現れるアブサロムとペレグを見てみると、ペレグは創世記一〇25、一一16–19、歴代志上一19、25、ルカ福音書三35（セムの子孫でエベルの子）に現れる。アブサロムはダビデの第三男児（サムエル記下三3）であったが、クーデターを起こし、ダビデの甥でダビデの傭兵隊長でもあったヨアブの手によって殺された（サムエル記下一八9–15）。

アブサロムはこのように、ダビデに対する反乱を起こした人物であることと、ペレグには「分裂」という意味があることから、これらの二つの「家」の名で呼ばれているグループは、それぞれクムラン宗団から分裂したグループを指すのであろう。

悪の祭司

「悪の祭司」は、「ハバクク書註解」八・八、九・九、一一・四、一二・二、八と、「詩篇註解」（4Q171＝4QpPs^{a}, Frags.1－10, Col.4.8－10）に登場する（これらの他に「ハバクク書註解」

一・一三の欠損部分に「悪の祭司」と記されていたと推定する学者たちがいる）。

くわしく見てみると、「ハバクク書註解」八・八―一二には、「悪の祭司」は、

彼の地位についた当初には真実の名前によって呼ばれていたが、イスラエルにおいて支配者となると、その心は尊大（傲慢）となり、神をすてて、富のために戒めに背いた。そして彼は、神に反抗した暴虐の人々の富を盗んで蓄積し、また異邦人（諸民族）の富を取って、彼自身に非難されるべき邪悪を加えた。

とあり、九・九―一二には、

神は、義の教師とその一党の人々に対して（悪の祭司によって）加えられた悪のゆえに、彼（悪の祭司）を敵どもの手にわたし、彼を病によって卑しめ（苦しめ）、魂の苦痛の内に壊滅を与えた。彼（神）の選んだ人々に対して、邪悪な行動をとったからである。

とある。一一・四―八には、「悪の祭司」は、

その悪意に満ちたいらだちをもって彼（義の教師）を混乱させよう（呑み込もう）として、義の教師をその捕囚の家へと追いつめた。そして祭の終わりに、贖罪日の休息（の間に）、彼（悪の祭司）は、彼らを混乱させよう（呑み込もう）として、また彼らを断食の日、彼らの休息の安息日に、つまずかせようとして彼らに現れた。

とあり、一二・二―三には、「悪の祭司」に対して、

彼が貧しい人々を邪悪に扱ったことに対して当然の報いが下される。

とあり、一二・八―一〇には、

そこ（エルサレム）で悪の祭司は忌まわしい（言語道断な）ことを行い、神の聖所をけがした……ユダの町々で彼は貧しい人々の富を奪った。

とある。

「貧しい人々」（'ebhyoniym＝エブヨーニーム）とはクムラン宗団に属する人々、あるいはクムラン以外の場所に居住する人々をも含めたエッセネ派全体を指すのかもしれない。

八・一六–九・二で、「[神] の掟に、反抗し [そむ] いた [……しかし彼らは] 彼から [掠奪するであろう] ……。恐ろしい病の恐怖が彼を襲い、彼の肉の死体に復讐が加えられた」と言われている「祭司」、一一・一四–一五で「神の怒りの盃が彼を呑み込むであろう」と言われている「祭司」も、悪の祭司を指すものと思われる。

また「詩篇註解」の前掲箇所 (4QpPs[a], Frags. 1–10, Col.4.8–10) は、詩篇三七32–33を註解して、「悪の祭司」は、

義 [の教] 師を待ち伏せし、彼を殺害しよう [とし] ……そして彼 (義の教師?) が彼 (悪の祭司?) に送ったトーラー……しかし神は [義の教師を悪の祭司の手の中に] 見 [捨てる] ことなく……。しかし [悪の祭司] に関しては、[神は] 彼を残虐な異邦人たちの手に引き渡して [彼に] 思い知らせ……。

と記している。

「悪の祭司」(大祭司) はおそらくかつて「義の教師」(祭司) の仲間であったが、これに背き裏切り、支配権を握り、おごり高ぶり、内外から富を求めて、聖所をけがして、神から離れ、さらには義の教師をエルサレムから追放した。クムランへの移住はその結果であろう。

そして義の教師とその一党を「贖罪日の休息」の間に激しく迫害した。後述するようにエ

ルサレム神殿当局とクムラン宗団とは暦が異なっていたので、両者は贖罪日を別の日に守っていたことになる。

他方、神は悪の祭司に対して復讐を加える。「魂の苦痛の内に壊滅を与えた」や「〔神は〕彼を残虐な異邦人たちの手に引き渡して〔彼に〕思い知らせ」たとあるのは、彼の死に言及したものと考えられている。

「悪の祭司」は、前二世紀半ば頃ないし後半のハスモン家の支配者の一人と考えられるが、ヨナタンの可能性が高いと考えられている。第二章に記したように、ヨナタンは前一六〇年にユダ・マカベアの死の後をうけてユダヤ民族の指導者となり、一五二年にシリアの王位要求者アレクサンドロス・バラスにより大祭司に任命され、おそらく一五〇年の直後にユダヤの統治者に任命されたが、一四三年頃に別の王位要求者トリュフォンに欺かれ捕えられて処刑された。

しかし「悪の祭司」の候補としては、第二章でふれた、他のマカベア兄弟の一人でハスモン家の大祭司世襲制を確立したシモンと、ヨハネ・ヒルカノス二世も挙げられている。

ヒルカノス二世は、母サロメ・アレクサンドラが女王であった前七六年から六七年まで大祭司職にあり、六七年の母の死をうけていったんは王位に就くが、弟のアリストブロス二世に王位を追われた（大祭司職については不明）。前六三年にポンペイユスによりヒルカノスは大祭司に復位させられ、前四〇年にパルティアへ連行されるまで大祭司の地位にあった。

彼はパルティアからユダヤへ戻った前三〇年（春頃）に、「謀反の嫌疑で」ヘロデ大王（ヒルカノスの孫娘マリアンメの夫）の手によって殺された（享年七二歳ほど）。

彼を悪の祭司ととると、クムラン宗団の始まりが、前二世紀半ば頃ないし前一〇〇年頃とする通説よりも、約一世紀ないし半世紀遅いことになる上、右記のクムラン写本の「悪の祭司」についての記述とうまく合わないように思われる。

このように、「悪の祭司」の同定に関しては、ヨナタン説が優勢ではあるものの、悪の祭司がハスモン王朝の支配者（大祭司）の一人であるという点を除いて、定説を見出しがたい。そこで、「悪の祭司」は誰か一人のことではなく、複数の「悪の祭司」がいたのではないかとすら考えられるに至っている。

これに対応して、「義の教師」も特定の個人ではなく、折々の宗団の指導者を指す可能性も指摘されているが、筆者には義の教師はやはり特定の、クムラン宗団にとって比類なき一人の指導者であったように思われる。

偽りの人

「悪の祭司」のほかに、クムラン宗団（義の教師）に敵対する人物として、しばしば「偽りの人」（'ish hakkazabh＝イーシュ・ハッカーザーブ）が登場する。「ハバクク書註解」二・一一、五・一一－一二、「詩篇註解」（4Q171＝4QpPs[a], Col.1.26, 4.14）、「ダマスコ文書」二〇・一五である（「ハバクク書註解」一〇・九の「偽りのおしゃべりをする者〈あるいは偽りの説教者〉」〈maṭṭiph hakkazabh＝マッティーフ・ハッカーザーブ〉、および「ダマスコ文書」八・一三〈maṭṭiph kazabh〉、一九・二五―二六〈maṭṭiph ʾadam ləkhazabh＝マッティーフ・アーダーム・レカーザーブ＝人に偽りの説教をする者〉の類似の表現をも参照）。「偽りの人（ないし説教者）」という呼称は、ミカ書二11「もしもある人が歩き回り、風の（ごとく空しい）欺瞞《ぎまん》をもって偽りを語る（kizzebh＝キッゼーブ）ならば……彼がこの民の説教者となるであろう」に由来する。

また偽りの人は「反逆者（裏切り者）たち」と結びつけられているが（「ハバクク書註解」二・一）、「反逆者（裏切り者）たち」（habbogədhim＝ハッボーゲディーム）は、クムラン宗団が伝承していたハバクク書一5、13に現れる同じ言葉に由来する。「ハバクク書註解」によれば、「偽りの人」は「全会衆の真ん中でトーラーを拒」み（五・一一―一二）、「偽りのおしゃべりをする者（あるいは偽りの説教者）」は「多くの人々を迷わせ、流血により、空しい町を建て、偽りの会衆を確立……」するとある（一〇・九―一〇）。「詩篇註解」（4Q171＝4QpPs^{a}, Col.1.26－2.1）には、「偽りの人」は「欺瞞の言葉をもって多くの人々を迷わせた、というのも、彼らが空しい言葉を選び取り、知識の教師（明敏な解釈者＝義の教師？）に聞き「したがわ」なかったからである。その結果彼らは剣と飢饉と疫病によって滅びるであろう」とされている。

おそらく、この人物は悪の祭司とは別人であり、もともとは宗団内部の指導的な立場にあった人物であったが、義の教師と対立し、いく人かの仲間とともに、宗団から離脱したのであろう。これによって宗団は危機的状況に立たされた可能性が高い。

なめらかなものを求める者たち

これらの他にクムラン宗団の敵対者として、いくつかのクムラン写本に「なめらかなもの（事柄）を求める者たち」（doreshey 〈ha〉 ḥalaqoth＝ドーレシェー・〈ハ〉ハラーコース）が登場する。

この言葉はイザヤ書三〇10に由来する。そこでは反抗的で不信仰なユダの民が、先見者に対して「見るな」と命じ、正しいことを預言するなと語り、続いて「我々に対してなめらかなもの（事柄）（ḥalaqoth＝ハラーコース）を語れ」と命令する。

「なめらかなもの」は、詩篇一二3（なめらかな事柄を語る舌）やダニエル書一一32（彼はなめらかな事柄をもってそそのかすであろう）にも現れる。「なめらかなもの」とは、耳で聞いて心地よい事柄で、へつらいや巧言とつながり、真実に対立する。つまり「なめらかなものを求める者たち」とは聖書を自分たちの都合に合わせて解釈する者たちである。

「ナホム書註解」によれば、彼らは組織されたグループを構成し、「彼らの集いの中から諸民族の剣は絶えることなく」、彼らは多くの者たちの死を引き起こす（4Q169, Frags.3－4,

Col.2.5－6)。彼らは非難を込めて「エフライム」(Frags.3－4, Col.1.12)と呼ばれ、多くの者たちを誤り導くが、終末にはその罪深き実体が暴露され、憎しみと軽蔑の対象となり、滅ぼされる。

彼らは、欠損の多い「ナホム書註解」の断片的な写本(4Q169＝4QpNah, Frags.3－4, Col.1.5－7)によれば、「怒りのライオン」(「ホセア書註解」4Q167＝4QpHos^{b}, Frag.2.2にも登場)と対立しており、「怒りのライオン」は「人々を生きながらにして(木に)架けた(つるした)」と記されていること、「怒りのライオン」はおそらくアレクサンドロス・ヤンナイオスを指すと考えられること、そして「なめらかなものを求める者たち」はギリシアの王デメトリオス(三世?)をエルサレムへ招き入れようとしたと記されていること(4Q169, Frags.3－4, Col.1.2)、などから考えると、六〇頁にも記したように、彼らはパリサイ派を指すものと思われる。「生きたまま木に架けること」＝磔刑については、第三章第7節「神殿巻物」も参照されたい。

アレクサンドロス・ヤンナイオスとパリサイ派との対立については、「ホセア書註解」(4QpHos^{b}, Frags.2.2－3)が、ホセア書五14の「若きライオン」と「ライオン」を「エフライムを撃つべく手を伸ばすであろう最後の祭司」を指すものと解釈していることからもうかがわれる。

この「最後の祭司」はヤンナイオスを指し、「エフライム」はパリサイ派を指すものと考えられるからである。「詩篇註解」（4Q171＝4QpPs^a, Frags.1－10, 2.18f.）の「エフライムとマナセの悪人ども」と「ナホム書註解」（4Q169＝4QpNah, Frags.3－4, Col.3.9）の「マナセ」は、パリサイ派（エフライム）とサドカイ派（マナセ）を指すものと考えられる。
「ナホム書註解」（4QpNah, Frags.3－4, Col.3.3－5）は、ナホム書三6－7を註解して、

その解釈はなめらかなものを求める者たちにかかわる。彼らの邪悪な行いは終わりの時に全イスラエルにあらわにされ、多くの者たちが彼らの罪を知るに至るであろう。……しかし、ユダの栄光が［あら］わにされるとき、エフライムの純朴な人々は彼らの集まりのただ中から逃げ出すであろう。そして彼らは彼らを誤り導いた者たちを捨てて、イスラエルに加わるであろう。

と記している。ここでは、パリサイ派の一部の者たちが悔い改めてクムラン宗団に参加する時のことが期待をもって描かれているものと考えてよいであろう。

3　暦

神学的な問題

暦の問題は古代においてはきわめて大きな意味を持っていたが、クムラン宗団を含む古代イスラエルにとっては、天体の運行と、安息日と祭の行われるべき正しい時期と祭司が交代で神殿においてその勤めを果たすサイクルとが、創造者なる神の定めに従って、宇宙的な調和を保たねばならないという、すぐれて神学的な問題であった。

クムラン宗団が形成されたのも、他のユダヤ人グループ、とりわけエルサレム神殿体制との、暦に関する見解の相違が、決定的な要因であった可能性が高い。

月は約二九・五三〇五八九日で、太陽に対して天球を一周する。これを「一朔望月《さくぼうげつ》」と呼ぶ。これに対して太陽が春分点（秋分点）を出発して再び春分点（秋分点）に戻るまでは約三六五・二四二二日である。これは、「回帰年」あるいは「太陽年」と呼ばれる。

一朔望月を一二倍すると約三五四・三六七一日となり、一太陽年よりも約一〇・八七五一日短いことになる。したがって、暦と季節との関係を正しく保つためには、たとえば三年に一度、約三二・六二五日の閏月《うるうづき》を挿入しなければならない。このように補正された暦を「太陰太陽暦」と呼び、この閏月の挿入の仕方を置閏《ちじゅん》法という。

旧約聖書時代に、太陰暦（月暦）、太陽暦、太陰太陽暦のいずれが用いられていたかは、よくわからない。

創世記一14-19には、神は天地創造の第四日目に、太陽と月と星を造ったとあるが、その記述からは季節、日、年を定めるのは太陽であるように読める。詩篇一〇四19には、「あなた（神）は季節を定めるために月をお造りになった。太陽はその沈む時を知っている」とあるが、詩篇八4（口語訳聖書では3）は月と星にのみ言及し、太陽には言及しない。また旧約聖書では、一日は夕方（日没）から始まると考えられていたらしい。

古代エジプトにおいては、恒星の一つであるシリウス星（大犬座のα星）が太陽とともに昇り、朝の薄明中にはじめて東空に見え始める現象を観測し、これがほぼ三六五・二五日で繰り返されることに気付いており、三〇日の月を一二回繰り返した上に五日を加えて一年としていたが、一四六一暦年が一四六〇太陽年に相当することを見出していた。そこで四年に一度、新年の前に一日を追加するという暦法が、前三二七年の「カノポスの布告」の中に記されている。

シリアのセレウコス王朝においては、前五世紀頃にさかのぼるバビロニアの天文学の成果を受けついで、一九年の期間の内七年に閏月を置いていたと考えられている。

「第一エノク書」と暦

古代ユダヤ教における暦に関する最古の証言は、旧約偽典「第一エノク書」（「エチオピア語エノク書」）である。

「第一エノク書」の七二章から八二章までは「天文の書」と呼ばれるが、「天文の書」のアラム語写本断片がクムランから四つ発見されており（4Q208－4Q211）、それらにはエチオピア語版には伝えられていない部分が記されている（エチオピア語版は要約であると考えられる）。その内最古の4Q208は、前三世紀終わりから前二世紀初頭にかけて筆写されたものと推定されており、著作年代は遅くとも前三世紀（より古く考える学者は前四世紀）と推定される。

そこでは一年三六四日（正確に五二週）からなる太陽暦を基礎としつつ、月や星の動きをも観察して、三年に一度の閏月を挿入して調整をはかっており、またひと月は新月（三日月が見え始める日）から始まるとされていたものと考えられる。

「第一エノク書」七二章は太陽の動きを、七三、七八章は月の動きを、七四、七八章は両者の関係を記しており、七四12－16には一年、三年、五年、八年で、太陽暦（一年三六四日）と太陰暦（三五四日）が何日ずれるかが明記されている。この一年三六四日を基礎とした暦が、実際に用いられていたか否かは不明である。

「第一エノク書」七二－1には、天体の運行の秘義は「聖なる天使ウリエル（「神は光なり」の意）が私（エノク）に示した」のであり、それは「被造物（創造）が新しくされ永遠に続くまで」有効であると記されており、著者の終末論的な関心が認められる。

七二章の最後の三七節は「その（太陽の）光は（満）月の（光の）七倍であるが、大きさについては二つ（太陽と月）は同じである」と締めくくっているが、これはイザヤ書三〇26の「さらに、ヤハウェが彼の民の損傷を包み、彼の殴打によってできた傷を癒すその日には、月の光は太陽の光と同じようになり、太陽の光は七倍となり、七つの日の光のようになるであろう」によることは間違いない。

これはイザヤによる終末におけるヤハウェの恵みの日の預言の最後の部分に当たり、あきらかに終末論的である（イザヤ書六〇19–20参照）。

「ベン・シラの知恵」と「ヨベル書」の暦

「天文の書」に次いで古いのは、旧約外典「ベン・シラの知恵」である（前一九〇年頃）。同書四三6–7には「月はその時に向かって立ち現れ（あるいは、移りゆく季節を示し）、時刻を示し、（永遠の）時代のしるしとなる。祭のしるしは月により……」と記されており、明確に太陰暦を示している。

同書五〇6には「祭の日々の満月」という言葉が認められるが、これは、いずれも月の一四日（満月）に始まる種入れぬパンの祭と仮庵の祭への言及と考えられる。この太陰暦は当時エルサレム神殿で守られていた可能性が高い。

なお、ベン・シラとほぼ同時代のアレクサンドレイアのユダヤ人アリストブロスも、過越祭が月の一四日、すなわち満月に行われることを証言しており、これは太陰暦を前提している。同様の観察はユダヤ人（悲劇作家）エゼキエル（前二世紀頃活躍）にも認められる。

次いで古いのは旧約偽典「ヨベル書」（前二世紀の半ば頃）である。クムランの第一、二、三、四、一一洞窟からは「ヨベル書」のヘブル語の一五の写本が発見されている。シナイ山上で神がモーセに語り示した内容という形を取っている同書一10には、契約の諸祭日と安息日の放棄が、イスラエルの民が神に対して犯すであろう罪として挙げられ、一14にはイスラエルの民が「月の始め、安息日、祭日、ヨベル……について正道から逸《そ》れるであろう」と記されている。

「ヨベル書」は、一年三六四日（五二週。三、六、九、一二月が三一日、他の月は三〇日）からなる太陽暦に固執し、創世記一14を「主は太陽を地上における大いなるしるしとして、日と週と月と祭日と年と七年期間とヨベル期間、および一年のあらゆる季節のために設けられた」（二9。村岡崇光訳）とパラフレーズして、月の役割を完全に排除している。

「ヨベル書」は、エノクこそが天文学の創始者であるとし、天使たちが彼に他の天上地上の万物と共に「太陽の支配」を見せた（四21）と記し、やがて「月を注意深く観察する者たち」が現れるが、月は季節を混乱させ、月の巡りは年々一〇日ずつ早すぎるといましめて（六36）、太陰暦を完全に否定する。

これは、安息日と諸祭日の日付に関して、他のユダヤ人たちが誤っていることを指摘したもので、エルサレム神殿体制に対する明瞭な批判であろう。「ヨベル書」もまた「第一エノク書」と同様、終末における神の義の再確立を望み見、終末において神は「すべて彼を愛する者に恵みをほどこしたもう」（二三32。村岡崇光訳）と記している。「ダマスコ文書」一六・二―四は、「モーセのトーラー」と並べて「ヨベル書」を規範的な書物として挙げている。

なお「ヨベルの年」とは、旧約聖書においては五〇年目ごとの「安息とゆるしの年」（休耕、売却された土地の元の所有者への返却、負債の免除、イスラエル人奴隷の解放、などが行われる）を指すが、「ヨベル書」では「ヨベル」が歴史区分の単位として転用され、一ヨベル＝七週年（一週年は七年）＝四九年を大きな単位として、世界史を、天地創造を元年とする絶対年代の中に位置付けている。

イスラエルの民が出エジプトの後にカナンの地に入るのは、第二四五〇年となり、これはちょうど第五〇ヨベルの最終年と一致する。明記されてはいないけれども、さらにもう一度同じ年数が繰り返されて、終末が到来すると考えられていたのかもしれない。クムラン写本でもこの「ヨベル年」が用いられている。

クムラン宗団の暦

クムラン宗団の守っていた暦は、暦に言及している写本がすべて断片的で、その内容や性格もさまざまで単純ではなく、「解読」の必要があるが、結論を先取りして言えば、「第一エノク書」の「天文の書」と同様、一年三六四日の太陽暦を基礎としつつ、一年三五四日の太陰暦をも考慮に入れた、太陰太陽暦であり（つまり何らかの置閏法が考案されており）、一日は朝（夜明け）から始まるとされていたらしい。

暦法を扱った写本は一九を数えるが、他の写本にも暦への強い関心が認められる。一年三六四日の太陽暦は11Q5（11QPs[a]）、4Q252（創世記の註解）に明記され、「安息日の犠牲の歌」（4Q400–407, 11Q17）では前提されている。11Q5＝11QPs[a] Col.27にはダビデが「一年のすべての日々のために三六四」の詩篇を書いたとある。三六四は七かける五二なので、毎年同じ日が同じ曜日となる。

4Q327には、第五月から始まる暦の一部が記されているが、（オリーブ）油の祭が六月二二日とされ、それに続いておそらく、たきぎの祭（六月二三日～二九日）が言及されており（二二四～二二五頁参照）、安息日（土曜日）は二月、五月、八月、一一月には二日、九日、一六日、二三日、三〇日に、一月、四月、七月、一〇月には四日、一一日、一八日、二五日に、三月、六月、九月、一二月には七日、一四日、二一日、二八日に、それぞれ守られていたものと推測される。4Q317は、ある月のある日に月の表面の何パーセントが明るい（暗い）かを記している。

4Q320は、三六四日からなる一年の六年周期の期間の祭日を列記しているが、神殿において交代で勤めを果たす二四の祭司の組（歴代志上二四7−18に記されている）の名前を挙げて祭日を定め、ある組の神殿における一週間の勤め（日曜日から土曜日＝安息日まで）の第何日に祭が来るかを記している。

たとえば、ある年の第一月の一二日（日曜日）にマアジヤ（マアズヤ）の組の勤めが始まり、その週の第三日（一月一四日＝火曜日）に過越祭が来る、と解読することができる。また、この写本には第二の組であるエダヤの勤めの週の最初の日（日曜日。一月二六日）に、大麦の初物の祭（大麦の束を揺り動かす祭）が来ると明記されている。ここから、その五〇日後の五旬節（七週の祭＝ペンテコステ）は、三月一五日に来ることが確認される（一二四頁参照）。

この二つの祭の日付は、第三章第7節「神殿巻物」で触れたように、旧約聖書には明記されていないため、ユダヤ教内部で論争の的となっていた。また六年周期のみで七年目への言及がないのは、一二×六＝二四×三＝七二となり、七年目は再び六年周期の第一年目と同じになるからである。

さらに、この写本には、天地創造の週の第四日（水曜日）はガムル（第二二番目の祭司の組）が勤めに入ると解読できる文章があり、前述のように創世記には神が太陽と月と星を造ったのは創造の週の第四日目であると記されていることから、その日から太陰太陽暦が始まり、同時に祭司の勤めが始まったと考えられていたことがうかがわれる。

さらにまた、この写本の残存部分の冒頭は、天地創造の第一年の第一月の第一日（水曜日）は満月であったと解読できる文章で始まっており、この暦ではひと月は満月から始まっていたと推測される。

最後にこの写本は、祭司の組の勤務日と、太陰月による日付と、太陽月による日付を併記しており、太陰暦（一年は二九日の月が六回と三〇日の月が六回で三五四日）により、三年に一度三〇日の閏月を挿入していたことがうかがわれる。

4Q319は「共同体の規則」の写本である4Q259の一部分であると考えられており、元来は「共同体の規則」の末尾に位置していたが、後に「共同体の規則」一〇・九－一一・一二の「賛歌と祈り」に取って代わられたのではないかと推測されている。

4Q319では七年周期の暦が前提されており、ある七年周期の第一年、四年、七年が、次の七年周期の第三年、六年が、次の七年周期の第二年、五年が「しるし」の年とされており、「しるし」はガムル（第二二番目の祭司の組）とシカニヤ（シェカンヤ。第一〇番目の祭司の組）に交互に割り振られ、第七年目は「解放（赦し）」（shmittah＝シュミッター）と呼ばれている（「戦いの巻物」二・六、八では「解放の年」は安息の年なので戦闘行為を行わないとされている）。

七太陽年は約二五五六・六九五四日なので、一年が三六四日からなる七年＝二五四八日は、七年で七太陽年よりも約八・六九五四日短いことになる。これが三回繰り返されると、ずれは二六・〇八六二日に広がる。詳細は不明だが、「しるし」は何らかの置閏法に関わるものであろう。

4Q321も太陽暦と太陰暦の日付を二四の祭司の組と整合させており、満月の日からひと月が始まるとみなしている。さらにクムラン遺跡からは日時計も発見されており、クムラン宗団はこれによって季節と一日の時間を計っていたことが確認できる。

「七〇」という数

クムラン写本の中には、長い期間の年数を数えているものがある。4Q559は（保存状態がきわめて悪く断片的であるが）旧約聖書に登場する人々の歳（あるいは息子を産んだ歳）などを、連綿とつづっている。

「メルキゼデク書」（11Q13。やはり断片的）は、レビ記二五13（ヨベルの年に言及）と申命記一五2（七年目ごとの負債の免除に言及）を引用した後、イザヤ書六一1の「捕らわれ人に自由（解放）を宣告する」を終末に言及したものと説明し（その際、メルキゼデクが、神の裁きを遂行する人物として決定的に重要な役割を果たす。ヘブル人への手紙五6-10、六20-七では、イエス・キリストがメルキゼデクと比せられ、メルキゼデクよりもすぐれた契約の保証となったと記されている）、この「自由」は第一〇ヨベルの第一週年に成就すること、そして贖罪日（七月一〇日）は第一〇ヨベルの最後に定められていることを明記している。一〇ヨベルは四九〇年であり、これはダニエル書九24の「七〇週」＝「四九〇年」に相当する。

前一六五年頃と推定されるダニエル書九24―27においては、バビロン捕囚から終末までが「七〇週」＝「四九〇年」と数えられている。

「創造の諸時代」と名付けられている断片的な写本4Q180, 181は、「神がお造りになった諸時代」に関するもので、そこには「将来生ずるであろうすべてのこと」という言葉が認められ、終末に至るすべての時代について、天地創造に先立って神が定めた事柄は「天の板」に書き刻まれているとあり、「第七〇週」という言葉も現れる。これもまたダニエル書の「七〇週」を思い起こさせる。

旧約偽典「一二族長の遺訓」の中の「レビの遺訓」にも「七〇週」が現れる。「レビの遺訓」の一部と推定されるアラム語の写本断片がクムラン写本の中に見出され（4Q540, 541）、これは後代キリスト教によって伝承されたギリシア語による「レビの遺訓」の原型を伝えている可能性がある。

「レビの遺訓」一六章では「七〇週年」（＝四九〇年）におよぶイスラエル、とりわけ祭司の堕落と背教が描かれ、一七章では七ヨベル（＝三四三年）にわたる「油注がれた」（＝メシア）祭司の歴史が描かれ（第七ヨベルは堕落の極みの時期であるが、その第五週に捕囚からの帰還と神殿の再建があり、第七週に、おそらくヘレニズム文化の影響のもとに、再び祭司の堕落がひどくなる)、一八章では終末に現れる「新しい祭司」が描かれている。

このように繰り返し現れる「七〇」という数は、エレミヤ書二五11-12に由来する。それは前六〇五年と推定されるエレミヤの予言の言葉で、そこではバビロン捕囚の期間が「七〇年」とされている。

歴代志下三六21は、エレミヤの予言が成就して七〇年が満ちたと記している。ダニエル書九章では、ダニエルがエレミヤの「七〇年」という予言について思いめぐらし、その成就を神に祈ったのに応えて、天使ガブリエル(「神の人」の意)が、七〇とは七〇週年であることをダニエルに示している。

旧約偽典「第一エノク書」の中の「動物の黙示」と呼ばれる部分(八五-九〇章。前一六〇年の少し前)も、「七〇人の牧者」(創世記一〇章の諸民族の表に現れる諸民族の祖先の数がぴったり七〇である)が、それぞれ七年支配するという形で、バビロン捕囚から終末までを「四九〇年」としている。クムランからは「動物の黙示」の部分を伝える四つのアラム語写本(4Q204-207)が発見されている。

「ダマスコ文書」でも「四九〇年」が含意されている可能性が高い。「ダマスコ文書」一・三-一一に「三九〇年」と「二〇年」が現れることについては、一四七~一四八頁に記したとおりである。

「ダマスコ文書」二〇・一三-一五は義の教師の死に触れて、「共同体の教師が取り去られた日から、偽りの者と共に向きを変えて立ち去ったすべてのいくさ人の終わりまでは四〇年あるであろう」とある。これらの年数に義の教師の活躍した一世代（旧約聖書では一世代はほぼ四〇年とされている）を加えると、バビロン捕囚から終末までが「四九〇年」となる。

以上、略述したところにより、クムラン宗団においては暦は終末論的な思索と密接に結びついており、すぐれて神学的な営みであったことがうかがわれるであろう。

第五章　考古学から見たクムラン遺跡

水槽（ミクウェー）

クムラン遺跡は乾燥した砂漠地域にあり、最も近い泉のあるアイン・フェシュカからは約三・二キロメートルも離れており、年間降雨量は約三〜五センチメートルにすぎない。そのため水の確保は死活問題であった。

遺跡には約一六の水槽があるが、ある学者の計算によれば、クムランの水槽全体では約六〇万リットル弱の貯水能力があり、これは、約二〇〇人の住人と家畜との生活を、約八ヵ月の乾期（三月半ばから一一月半ばまで）の間支えるのに十分な量であると考えられている。水源は、遺跡近くのワディ・クムランと呼ばれる川で、ワディというのは川といっても普段は（つまり乾期の間は）まったく水の流れない川床であり、冬の間に時々短期間降る豪雨によって、鉄砲水のような急流の流れる川である。

クムラン遺跡の約一六の水槽の内一〇個が、けがれから身をきよめるための沐浴（ないし浸礼）のための水槽であったと考えられている。このような水槽をヘブル語で miqweh（ミクウェー。複数形は miqwaʾoth＝ミクウァーオース）と呼ぶ。

およそ後二〇〇年頃に成立した『ミシュナ』の中の「ミクウァーオース」篇によれば、水槽は全身が水に浸ることができるほど大きく、最低でも四〇セア（約三〇〇リットル）の水がなければならない（ただし、泉の水で身をきよめる場合にはこれより少量の水でもよい）。また水は、自然から直接――雨水、泉や川の水を、器を経ないで――ミクウェーへ入れなければならない、と規定されている。

パレスティナ各地で、前一世紀から後一世紀にかけて年代付けられる、このようなミクウェーが多数発見（発掘）されている。クムラン遺跡から、遺跡の規模に比して多数の大きな独特のミクウェーが発見されていることは、クムラン宗団のきよめに対する関心の高さを物語っている。これはクムラン文書においても、祭儀的清浄に対する関心がきわめて高いことと対応している。

クムラン遺跡の歴史は、前八～七世紀にさかのぼる。遺跡には、この時代に人の住んでいた痕跡が認められる。この時代に属するものとして、一続きの複数の部屋をともなった正方形の建物や、大きな丸い水槽などが発掘されている。

この水槽は、遺跡の南東のコーナーからワディ・クムランの方向へ南へとのびている長い壁とともに、後述する後六八年の遺跡の崩壊まで使用された。おそらくこれはユダ王国の要塞の一部であったものと推測される。この「要塞」は、ユダ王国が前五八七年頃にバビロニアによって滅ぼされた時に、終焉を迎えたのであろう。

次に、この土地に人が住み始めたのは、前一三〇年頃のことであると言われている。以下、ひとまず、クムラン遺跡の発掘調査において指導的な立場にあり、その成果を「予備的な」形で（つまり、最終的な形においてではなく）公表し、現在に至るまでも最も影響力の大きいドゥ・ヴォーの説を紹介したい。

彼によれば、クムラン宗団がここに居住していた期間は、前一三〇年頃から後六八年までのことであるが、ドゥ・ヴォーはそれを、「第一期ａ」（前一三〇年頃〜前一〇〇年頃）、「第一期ｂ」（前一〇〇年頃〜前三一年）、「第二期」（前四から前一年頃〜後六八年）、「第三期」（六八年〜七三／四年）の四つの時期に分けた。

ドゥ・ヴォーによる「第一期」のクムラン

「第一期ａ」には、小規模な施設が造られたが、その時期については、取り立てて決定的な証拠は発見されなかった。アレクサンドロス・ヤンナイオス（在位前一〇三年〜七六年）の名を刻印した貨幣が「第一期ｂ」から多数発見されたことから、ドゥ・ヴォーは「第一期ａ」は彼の治世よりも前に始まったと考え、ヨハネ・ヒルカノス一世（在位前一三四年〜一〇四年）の貨幣とアリストブロス一世（在位前一〇四年〜一〇三年）の貨幣が一つずつ発見されたことから、その開始期はヒルカノス一世の統治期間中のことであろう、と推測した。「第一期ｂ」の始まりとともに、すなわちアレクサンドロス・ヤンナイオスの統治期間初期に、遺跡はその規模を飛躍的に拡大した。

また、この王の貨幣が多数見つかっていることに加えて、前一三〇年頃に年代付けられる、セレウコス王朝の六個の銀貨と五個の青銅貨も、「第一期b」の層から発見されている。

新たに拡大した建造物群への主要な入り口（遺跡の北側の真ん中あたり）には、見張りのための二階建ての櫓《やぐら》が建てられ、遺跡は二つの大きな部分に、すなわち東側の「主要な建造物」（main building）と西側の「二次的な建造物」（secondary building）とからなり、前者はほぼ三〇メートル×三七メートルの大きさで、青銅器時代の遺跡を包み込んでいる。

その中央には中庭があり、いくつかの部屋がそれを取り囲んでいる。それらの部屋の中には、集会室兼食堂と思われる大きな部屋や、写本を書き写した場所と思われる「筆写室」（scriptorium）が見出される。「筆写室」からは三つのインク壺が発見された。さらにトイレや、土器を焼く作業場、家畜小屋とおぼしき施設も発見された。

特徴的なのは、ここに集う人々の寝泊まりするための施設（部屋）が発見されていないことである。彼らは、おそらく建造物の周囲の仮小屋ないしテントで寝泊まりしたか、あるいは、遺跡に近いいくつかの洞窟に住んでいたものと推測される。

ドゥ・ヴォーによれば、「第一期b」は地震と火災をもって終わりを迎えた。彼はヨセフスの記述に基づいてこの地震を前三一年の出来事とした（六八頁参照）。ただし、遺跡に認められる火災の跡が地震と同時的なものであったという点については、特に証拠はなく、常識的に見て、特に古代においては地震が火事を誘発しやすかったということに依拠しているにすぎない。

ドゥ・ヴォーは、遺跡のいくつかの時期の混じり合った層から、一〇個のヘロデ大王の年代の刻印のない青銅貨が発見されており、それらがより後代の貨幣と混ざり合っていること、それらは前三〇年より後に造られたものと考えられること、したがって、それらのヘロデの青銅貨は「第一期b」には属さないと推定しているが、それらは最近の研究では前三七年以降に造られた可能性が高いと考えられている。

ドゥ・ヴォーは、クムラン遺跡は地震の後、約三〇年近くの間放棄され、その間居住の痕跡はないと考えた。そして、前四年から前一年にかけての頃に、遺跡は、再びかつての居住者たち、すなわちクムラン宗団の人々によって、修復され、「第二期」の居住が始まった、と考えた。遺跡の全般的なプランが以前と同じであり、多くの建造物が以前と同じ目的に用いられたと考えられるからである。

ドゥ・ヴォーによるクムラン「第二期」

彼は遺跡で発見されたヘロデの一〇個の青銅貨は、ヘロデの死（前四年）の後も流通していた可能性が高いと考えた。

さらに、ヘロデの息子アルケラオス（在位前四年〜後六年）の一六個の貨幣が発見されており、その内一個が、「第二期」の居住者たちが遺跡へ戻って捨てたと思われるゴミの中から発見されていること、右記の「二次的な建造物」の部屋から三つの壺が発見され、それらの壺は「第一期b」の上の層、「第二期」の下の層に埋められており、壺に入れられた銀貨（そのほとんどがテュロスで造られたもの）の年代は前一二六年から前九／八年までであり、同種の銀貨は前九／八年から前一年／後一年に至るまで造られていないこと（この点については現在は見直されている）、要するに、クムラン遺跡からは前一年より後の同種の貨幣が発見されていないこと、などを総合的に判断して、ドゥ・ヴォーは「第二期」の始まりを前四年から前一年の間に置いた。

第二期の終わりは、後六八年と考えられる。第二期の層に火災による損壊の跡が明瞭に認められ、後一世紀のローマ軍に特徴的な鉄の鏃《やじり》が発見され、何らかの戦闘行為があったことを示している。ヨセフスによれば、ウェスパシアヌス率いるローマの「第一〇軍団」が六八年の六月にエリコへと進軍してこれを占領した後、死海を訪れている（七六頁参照）。この際にクムラン宗団もローマ軍によって滅ぼされた可能性が高い。第二期の層から第一次ユダヤ戦争に年代付けられる九四個の青銅の貨幣が発見されており、最も新しいものは後六八／九年のものである。こうしてクムラン宗団によるクムラン遺跡の居住は終わりを迎えたものと考えられる。

ドゥ・ヴォーによる「第三期」

後六八年から七三（ないし七四）年までの期間をドゥ・ヴォーは「第三期」と呼んだ。クムラン遺跡にはローマ軍が占拠し居住した痕跡が認められている。残された貨幣と歴史的な状況を総合して、ドゥ・ヴォーは、ローマ軍の占拠は、マサダの陥落した後七三（ないし七四）年まで続いたと判断した。

やや時代が下るが、第二次ユダヤ戦争（バル・コクバの乱。一三二年〜一三五年）の際に、反乱軍に参加したユダヤ人の一部が、遺跡の一部を利用して居住した痕跡がある。第二次ユダヤ戦争の第二年という刻印を持つ貨幣がいくつか発見されている。さらに後代のローマの貨幣やビザンツ時代の貨幣も発見されているが、それらは、この遺跡をたまたま通った、後代の旅行者たちの残したものであろう。

以上がドゥ・ヴォーによる「予備的」な発掘調査の報告の要旨である。

「予備的」というのは、ドゥ・ヴォーは発掘調査の全容をまとめた報告を書物にして残すことなく死亡してしまい、彼による発掘調査の際のメモ類や出土品（土器類、貨幣、遺骨など）のすべてを点検し、それらがどの層に属していたのかを含めて再調査する作業は、意外にもいまだに行われていないからである。

たとえば、ドゥ・ヴォーが遺跡近く（東へ約四〇メートル）の墓地から発掘した遺骨の内、一〇〇を超えるものが行方不明であり、行方のわかるものの内、二二がミュンヘンに、九がエルサレムに、八がパリに、といった具合に、世界各地に分散してしまっている。つまりクムラン考古学はいまだに、「発展途上」状態なのである。

このような状態を踏まえつつ、ジョディ・マグネスによって、ドゥ・ヴォーの残した成果の全面的な見直しが行われた。彼女は、クムラン遺跡の年代について、新しい、説得的な説を公表しており、ドゥ・ヴォーによる年代設定が若干修正されているので、それを以下に紹介することにしたい。

Ｊ・マグネスによる年代修正

まず最初に、マグネスはドゥ・ヴォーの言う「第一期ａ」（前一三〇年頃〜前一〇〇年頃）の存在に疑問を投げかける。彼女によれば、この期間の居住を示す明瞭な、説得的な証拠は存在しない。

「第一期ａ」と明確に関連付けられる貨幣は発見されておらず、「第一期ａ」のものとされたわずかな土器類も「第一期ｂ」のものと明瞭に区別され得ない。クムラン出土の土器類は（唯一、貯蔵用の瓶一個を除いて）前一世紀より前にさかのぼり得ない。

ドゥ・ヴォーが「第一期ａ」に年代付けた出土品や建造物は、青銅器時代ないしは「第一期ｂ」のものとみなされる。「第一期ａ」の開始期を定める重要な証拠とされた多数のアレクサンドロス・ヤンナイオスの貨幣は、ヘロデ大王時代にも流通していた。これらを総合的に判断すると、クムラン遺跡の居住開始は、前一世紀の前半（前一〇〇年から前五〇年の間）と考えられる。

次にマグネスは、「第一期b」が地震をもって終わり、それから約三〇年の間放棄されていた、というドゥ・ヴォーの説に疑問を投げかける。地震による被害によってのみ、三〇年もの間、クムラン宗団がこの施設を放棄し、約三〇年の後に、同じ宗団が同じ目的のために同じ施設を再利用した、というのは不自然であり、約三〇年の間彼らはどこに集っていたことになるのだろう。

ヘロデ大王の一〇個の青銅貨がさまざまな層が混じり合っている部分から発掘されていること、前一二六年から前九／八年に年代付けられるテュロスの貨幣五六一個が三つの壺に入れられて埋蔵されていたことを、ドゥ・ヴォーは「第二期」の開始時期と関連づけたが、常識的に考えて、このような貴重品の埋蔵は、何か差し迫った危機的な状況を前にしてなされたと考える方が自然である。したがって、それは「第一期b」と関連付けられること、これらを総合的に判断すると、遺跡は前三一年の地震の後に放棄されたのではなく、クムラン宗団の人々は地震の被害を受けた修復可能な部分を直ちに修復して、居住を続けたものと、マグネスは考える。

したがって、「第一期b」は前三一年で終わることなく、前九／八年（テュロス貨幣の一番新しい年代）あるいはそれより少し後まで、継続していたことになる。

テュロス貨幣の入った三つの壺が灰の層の中から発見されていることから、何らかの人為的な理由、つまり何者か（何らかの武装集団）に襲われて、前九／八年あるいはそれより少し後に、遺跡が火災による被害を受け、短期間放棄されたものと推測される。この放棄は長く続くことなく、前四年に始まったアルケラオスの統治の早い時期に、クムラン宗団は遺跡に戻りこれらの施設は再び利用され始めた。

この放棄につながる遺跡の火災ないしは崩壊の具体的な原因は不明であるが、ヘロデ大王の死の前の混乱・騒動と関連があるのかもしれない。

大筋、以上のような論旨に基づいて、マグネスはドゥ・ヴォーが「第一期a」と結びつけた遺物のいくつかは、前三一年の地震の前の「第一期b」に属するであろうと結論し、次のような修正年代を提案する。

ドゥ・ヴォーの「第一期a」（前一三〇年頃～前一〇〇年頃）は存在しないこと、「第一期b」は地震前と地震後とに分けられ、地震前は前一〇〇年から前五〇年の間の期間に始まり、地震後は前九／八年ないしそれより少し後に終わること、「第二期」（前四から前一年の間～後六八年）はそのまま受け容れること（「第三期」も同様）、以上である。

クムランの人口

クムラン遺跡にどれほどの数の人々が住んでいたかについては、いまだに定説が見出されていない。

もしも、そこに集う人々が全員建物の中で居住（夜を過ご）していたとすると、寝室として使用可能な部屋の数と広さから、少なく見積もって約一〇人、多く見積もれば約七〇人、と想定される。

しかし、前述のように、おそらく、ごくわずかな人数を除いて、ここに集う人々のほとんどは、建物の外の仮小屋やテント、そして近隣の洞窟に居住していたものと推測される。実際テントで野営していた痕跡が発見されたとの報告もあり、近隣の洞窟のいくつかからは、生活用品、たとえば料理用のなべ、コップ、皿、食事用のはち、貯蔵用の瓶、オイル・ランプや、床に敷く葦《あし》のマットなどが見つかっている。

食料貯蔵室ないし食器室から一〇〇〇を超える食器類が発見されており、食堂の収容可能な人数が一二〇～一五〇以下であると推定されることから、クムラン遺跡に集っていた人々の数は一五〇～二〇〇人以下であろうと推定される。食堂での共同の食事に参加できたのは正式のメンバーのみであったと考えられるからである。

なお、ここ二、三〇年ほどの間に、考古学者たちによって、クムラン遺跡を、何らかの形でエッセネ派と関連のある「クムラン宗団」の居住地ではなかった、とする見解が提出されてきた。貴族の所有する田舎の別荘説、要塞説、荘園領主の邸宅（manor house）説、商業用の貨物集積地説などである。

これらの説はいずれも、遺跡の実態を詳細に検討すればするほど説得的ではなく、他の学者たちから広い支持を得るに至っていない。しかし、そのような説が次々と現れること自体が、前に記したクムラン考古学の「発展途上」状態の表れであり、ドゥ・ヴォー説の再検討・見直しを促していることは確かである。

クムランの墓地

クムラン考古学のすべてについて、ここで詳細に紹介することは、残念ながら与えられた紙数の範囲を超えるが、先に記した「墓地」について、短く概観してみたい。

クムラン遺跡の東側のしきりの壁の東側、約四〇メートルほど離れた場所に、大きな墓地が発見されている。この墓地は台地の上に位置しており、墓地の「西地域」と呼ばれ、ドゥ・ヴォーが墓地の主要部分とみなしたものである。

この墓地から、北、東、南の方向の丘の上に「拡張部分」が認められ、これはドゥ・ヴォーによって「二次的な墓地」とみなされた。これらの墓地全体は約一一〇〇～一二〇〇ほどの墓を含んでいる。「西地域」の（クムラン遺跡に最も近い）墓は（唯一の例外を除いて）、すべてきちんと列をなして埋葬されており、遺体は頭が南を足が北を向くように埋葬され、墓の一つ一つに小さな石が積み重ねられ、両方の端に大きな墓石が置かれている。

これに対して、南東の丘にある「南の拡張部分」のほとんどの墓の遺体と、ワディ・クムランの南に位置する墓地のすべての墓の遺体は、頭が東を足が西を向いて埋葬されている。

子どもである。

前述のように、ドゥ・ヴォーが発掘した遺体の多くが行方不明ないし散逸しているが、ミュンヘンにある二二の遺骨の調査結果によれば、九つが成人男性、八つが成人女性、五つが子どもである。

これらの内、「西地域」（主要墓地）から出土したものについてみると、九つが成人男性、二つが成人女性である。その他に、現在パリに保管されている、「西地域」出土の遺骨の内、一つが女性である。これら以外の女性の遺骨と子どもの遺骨は、すべて「拡張部分」に埋葬されていた。

「拡張部分」からは男性の遺骨も発掘されている。エルサレムの倉庫から発見された、ドゥ・ヴォーが発掘した九つの遺骨についてみると、「西地域」出土の七つの遺骨は成人男性であるが、おそらく「北の拡張部分」出土と想定される（つまり正確な出土場所は不明）一つの遺骨は成人女性（ほぼ四五歳～五〇歳くらい）、もう一つは六〇歳以上の男性のものとされている。

自然（形質）人類学者（physical anthropologist）たちの、このような努力にもかかわらず、男性か女性か不明の場合もあり、それどころか、遺骨の中には比較的最近のベドウィンのものとおぼしきものも混じっている。

遺骨が断片化しており、発掘後の保存状態も悪いため、特に骨盤が残っていないと、性別判定が不可能である。また副葬品が存在しないこと、遺骨にコラーゲン（膠原質《こうげんしつ》）が欠如していること、木製の棺の断片にパラフィンがしみ込んでいること、などにより、現在に至るまで、クムラン出土の遺骨の正確な年代を科学的に分析して決定することができない状態である。

もう一つの問題点は、発掘された遺骨の数の少なさである。約一一〇〇～一二〇〇ほどの墓の内、遺骨が発掘されたのはわずかに四三に過ぎない。このような状況を踏まえた上で、マグネスは、とりあえず、以下のように調査結果をまとめている。

第一に、クムランの墓地の「西地域」からは成人女性の遺骨はわずか二つしか発見されていない（筆者は三つであろうと考える）。この「主要部分」には圧倒的に多く男性が埋葬されていたものと考えられる。第二に、「北の拡張部分」から一人の（おそらくクムラン宗団に属していた）成人女性の遺骨が発見されている。第三に、「南の拡張部分」は女性と子どもたちの遺骨が圧倒的に多く発見されているが、これらは比較的最近のベドウィンのものと考えられる。

以上より、「西地域」の埋葬状態から考えると、クムラン宗団にはきわめてわずかな女性しか属していなかったように思われる。逆に言えば、クムラン宗団にはわずかながら女性も属していたことになる。

古代における幼児や子どもの死亡率の高さを考慮すると、「西地域」において幼児や子どもの遺骨がまったく発見されていないことが注目される。これはクムラン宗団が家族単位での参加者を含んでいなかったことを示唆している。仮に「拡張部分」の遺骨を比較的最近のベドウィンのものでなく、クムラン宗団の構成員のものであると仮定した場合、女性や子どもたちは、埋葬に際して、成人男性からは区別されて周辺的な位置に追いやられていたことになる。

なお、マグネスはクムラン遺跡の詳細かつ念入りな調査研究の結果、そこに居住していた人々の生活が、徹底して反ヘレニズム・ローマ文化的であったことを、明瞭に提示している。

第六章　死海写本と旧約聖書の関係

マソラ本文

死海写本の発見は、旧約聖書の本文研究にとって、「革命的」な出来事であった、というのは、死海写本発見以前には、旧約聖書の本文は後九世紀から一一世紀の写本によってのみ伝えられてきたのだが、クムラン（および死海周辺のいくつかの地域）から、それらよりほぼ一〇〇〇年以上も古い写本が発見されたのである。

旧約聖書の本文を記した最古の資料は、前七／六世紀と推定される、銀の巻物断片（民数記六24-26）で、一九七九年にエルサレムで発見された。次いで古いのは、死海写本を除くと、エジプト出土のナッシュ・パピルスで、前二～前一世紀と推定され、十戒（出エジプト記二〇章と申命記五章の混合本文）とシェマー（申命記六4-5）が記されている。

旧約聖書の原典のほとんどはヘブル語で、全体から見ればごくわずかな部分（エズラ記四8-六18、七12-26、ダニエル書二4〈後半〉-七26、エレミヤ書一〇11、創世記三一47の二語）がアラム語で記されている。

ヘブル語とアラム語は横書きで、右から左へと書き（古代ギリシア語も古くは同じ）、そのアルファベットは基本的に子音であり、ごくわずかな文字のみが子音とともに母音をも表す。

旧約聖書のヘブル語（一部アラム語）本文は、紀元前後頃までには標準的なものがほぼ定まりつつあったが、後二世紀頃まではなお流動的で、写本により本文が異なる。

これをうけて、標準的な本文を基にして後五世紀頃から九世紀頃にかけて活躍したマソラ（「伝承」の意）学者たちによって最終的に本文が確定され、その際に複雑なシステムにより発音の仕方が示され、母音符号が付された。こうして確定した本文を「マソラ本文」Masoretic Text（略号はＭＴ）と呼ぶ。

ちなみに、一九五二年に刊行された英訳聖書 Revised Standard Version は一三ヵ所においてクムラン旧約聖書（イザヤ書）写本の読みを採用していると言われ、この英訳聖書を介して、一九五五年の「口語訳聖書」（日本聖書協会）におけるクムラン写本の影響は七ヵ所（公式発表）とされている。その後の全世界の翻訳聖書も大なり小なりクムラン聖書写本を考慮に入れていることは言うまでもない。

ＭＴにおける旧約聖書の配列は、キリスト教によって伝統的に伝えられてきた配列とは、若干異なる。

ＭＴは旧約聖書を四つの部分に分け、最初にトーラー（モーセ五書＝創世記〜申命記）が置かれ、次いで「前の預言者」としてヨシュア記、士師記、サムエル記上・下、列王紀上・

下が続く。そして第三に「後の預言者」としてイザヤ書、エレミヤ書、エゼキエル書と、ホセア書以下の一二の小預言者の書がまとめられ、最後に「諸書」として、詩篇、箴言、ヨブ記、雅歌、ルツ記、哀歌、伝道の書（コヘレトの言葉）、エステル記、ダニエル書、エズラ記とネヘミヤ記（この二つは一書に数えられる）、そして最後に歴代志上・下が置かれている。

旧約外典「ベン・シラの知恵」の序文（ベン・シラの孫がエジプトのアレクサンドレイアで、前一一七年の後まもなくの頃に作成したギリシア語訳の冒頭に付け加えた）の冒頭に、「法と預言者（の書）と彼ら（預言者）に続く他の諸書を通して、多くの偉大な（教え）が我々に与えられている」とあり、ここで「法」（nomos）はトーラー（モーセ五書）を、「預言者（の書）」は「前の預言者」と「後の預言者」を、「他の諸書」は右記の第四区分である「諸書」を指すことは明瞭で、この記述は従来、旧約聖書がこのように区分されていたことを示す最古の資料であると考えられてきた。

ところが、前に紹介したクムラン文書のひとつである４ＱＭＭＴの中に「モーセの書と預言者たちの言葉とダビデと各世代の年代記」が学習の対象として挙げられている（4Q397, Frags.7＋8, 10－11, Martínez, p.84）。「ダビデ」はおそらく詩篇を指すのであろう。「各世代の年代記」は歴代志上・下を指すのかもしれない（歴代志上・下はＭＴでは最後に置かれている）。そうすると、ここではほぼ旧約聖書の三（ないし四）区分が記されていることになる。

前記のように、4QMMTの写本の年代は前一世紀の後半と推定されているが、その著作年代はさらに古くさかのぼる可能性がある。「ベン・シラの知恵」の序文と4QMMTのどちらがより古いかはともかくとして、クムラン宗団のマニフェストのような文書にこのような区分が記されていることは、後述のようにクムランからエステル記を除く（後の）旧約聖書の全文書（断片が多い）が出土していることと合わせて、注目すべきである。

まとまった（断片的ではない）形でMTを伝える最古の写本は、右記のように後九世紀から一一世紀にかけてのものである。それらは、カイロ写本（八九五／六年。前の預言者と後の預言者のみを含む）、ペテルブルク写本（九一六年。後の預言者のみを含む）、大英博物館四四四五号（九二五年。トーラーの大部分を含む）、アレッポ写本（九二五年。旧約聖書全体を含むが、トーラーの大部分が失われている。ヘブル大学より刊行中のヘブル語聖書校訂版の底本）、レニングラード写本（一〇〇八年。旧約聖書全体を含む。現在最も広く用いられている校訂版であるビブリア・ヘブライカ・シュトゥットガルテンシアの底本）などである。

旧約聖書の原典本文として、MTは最も信頼性の高い本文伝承を伝えているが、以下に記すように、それは完全無欠ではない。旧約聖書の原典本文研究は、さまざまな古代語訳などや他の伝承資料をも参照しながら行われなければならない。

そもそも、MTに伝えられるヘブル語原典には意味不明、理解不可能ないし困難な箇所が数多く存在する。そのことは、アメリカのユダヤ教団が発行した英訳聖書である*TANAKH*を見れば、一目瞭然である。*TANAKH*では各頁数ヵ所ほどの割合で、「ヘブル語の意味不明」という脚注が付いている（さらに拙著『ヨナのしるし』二二八～二二九頁も参照）。

タルグム（アラム語訳旧約聖書）

旧約聖書のアラム語訳はペルシア時代にさかのぼる。アラム語はペルシア帝国の少なくとも西半分に当たる地域において、公用語として重要な役割を果たし、前六世紀後半以降、エジプトから西南アジアにかけてのオリエント一帯において最も広く通用する言語となった。これにともなって旧約聖書のアラム語訳が生まれたのは、自然の成り行きである。

この旧約聖書のアラム語訳を「タルグム」（「翻訳」の意）と呼ぶ。タルグムは、最初はその都度、同時通訳的に行われていたが、しだいに伝承として固定化し、紀元前後頃にはタルグム伝承の少なくとも一部が文書化されるに至った。イエスと弟子や使徒たちが、周囲の人々と共有し、宣教活動の前提とした聖書も、タルグムであった可能性が高い。キリスト教がギリシア語圏へと広がるにつれて、七十人訳聖書（次項）がこれに取って代わることになる。

部分によって程度の差はあるものの、一般にタルグムはかなりの敷衍ないし解釈を含んでいる。これらの敷衍的解釈には、当時のユダヤ教の中で、伝承として受け継がれてきた聖書解釈の伝統が反映している可能性が高い。クムラン洞窟からはレビ記とヨブ記のタルグムの写本が発見されている。

ギリシア語訳（七十人訳聖書を中心として）

ヘレニズム時代に入ると、パレスティナの内外を問わず、特に各地のヘレニズム（ギリシア）都市に住んだユダヤ人を中心として、ギリシア文化との対話が活発になるが、この点、エジプトのアレクサンドレイアのユダヤ人が最も熱心であった。前三世紀の前半に、旧約聖書のギリシア語訳がアレクサンドレイアにおいて開始された。おそらくまず最初にモーセ五書が訳出され、ほぼ紀元前後頃までには、旧約聖書全体がギリシア語に訳されるに至ったものと推定される。これが「セプテュアギンタ」＝「七十人訳聖書」（略号 LXX）である。

旧約聖書偽典の一つである「アリステアスの手紙」によれば、アレクサンドレイアの図書館にユダヤ民族の聖典を収納すべく、プトレマイオス二世（在位前二八三／二年～前二四六年）によって使節がエルサレムの大祭司のもとへ送られ、これに応えて、七二名の長老（一二部族から六名ずつ）が派遣され、彼らはアレクサンドレイアにおいて七二日間でトーラーのギリシア語訳を完成させた。

言うまでもなく、これは歴史的事実そのままの報告記事ではないが、おそらく前三世紀の前半に何らかの形でモーセ五書がアレクサンドレイアにおいてギリシア語に訳されたという点は事実であろうと考えられている。七二という数字が伝承過程で七〇（ラテン語でセプトゥアーギンター）というきりのいい数に変えられ、そこから伝統的なギリシア語訳旧約聖書が「セプテュアギンタ」と呼ばれるようになった。

七十人訳聖書はタルグムと異なり、最初から文書として作られ（背後に同時通訳的な段階があった可能性は否定できないが）、また全体としては翻訳の枠内にとどまっている。しかし、直訳的な部分もあれば、敷衍や意訳や、解釈が目立つ部分もあり、さらにたとえばLXXのエレミヤ書はMTよりも短く、MTのおよそ八分の七の長さしかない。

LXXはMTよりも優れた読みを残して（伝えて）いる（MTの方が元来の形から離れ、LXXのギリシア語訳の背後にあるヘブル語本文の方がオリジナルに近い）と判断される場合も少なくなく、旧約聖書の原典本文研究にとってきわめて重要な、不可欠の資料である。

一例を挙げれば、エレミヤ書二五11においてMTは「これらの民はバビロンの王に七〇年間仕えるであろう」と読むが、LXXは「彼らは諸国民の中で七〇年間奴隷となるであろう」と読む。ここではLXXの読みの方がオリジナルの本文を伝えている可能性が高い。

後二世紀になって、アクィラ、シュンマコス、テオドティオンによって、LXXとは別の旧約聖書のギリシア語訳が作られた。これらも旧約聖書の原典本文研究にとって重要な資料であるが、残念ながら、これらのギリシア語訳は完全な形では伝えられておらず、その本文は断片的にしか残っていない。

サマリア五書

サマリア五書とは、ユダヤ教の一派であるサマリア派によって伝承されてきたモーセ五書(トーラー)で、古い特殊なヘブル文字で記されている。その特殊な文字の研究により、サマリア五書はハスモン王朝時代にさかのぼるものと考えられている。おそらく、前一二八年頃にヨハネ・ヒルカノス一世がサマリアとシケムを占領し、ゲリジム山の神殿を破壊したことが、「サマリア派」共同体と、エルサレムを中心とするユダヤ人共同体との対立を決定的なものとしたと考えられ(五七頁参照)、サマリア五書もほぼこの頃に起源する可能性が高い。しかし、残存するサマリア五書の写本はすべて後一〇世紀以降のものである。

サマリア五書はおおよそ六〇〇〇ヵ所において、MTの伝えるモーセ五書と異なる読みを示しており、また七十人訳聖書(LXX)はおよそ一九〇〇ヵ所において、MTと異なりサマリア五書と一致する読みを示している。

たとえば創世記二2で、MTでは神が「七日目に」創造の業を終えたとあるところを、サマリア五書はLXXと一致して「六日目に」(Revised English Bible)と読み、創世記四七21で、MTは「彼(ヨセフ)は彼らを諸都市に移した」と読むが、サマリア五書はLXXと一致して「彼（ヨセフ）は彼らを奴隷とした」（New Revised Standard Version、「口語訳聖書」、「新共同訳聖書」）と読んでいる。

また民数記二四17では、MTの読みは強いて訳せば「セツのすべての子らの基礎（foundation）」となるが、「基礎」に当たるヘブル語（qarqar＝カルカル）は、MTの中にここ一度しか現れない言葉でその正確な意味はよくわからない（したがって、LXXはこの語を省いている。New Revised Standard Version は territory と訳して、脚注で「いくつかの写本は skull＝頭蓋骨と読む」と断っている）。

サマリア五書を見ると、ここは「頭、脳天」（qadqod＝カードコード）となっており、「口語訳聖書」も「新共同訳聖書」もこの読みに従って訳している。

一般にサマリア五書がMTと異なるのは、サマリア五書に認められるMTとは異なる文法や正書法によるものや、本文の意味を明瞭にするための付加や、本文の内容を歴史的に首尾一貫させるための本文の書き換えなどが多いが、サマリア派の神学的立場に由来するものもある。

たとえば、申命記二七4においてMTでは、「エバル山」の上に石を立てて、そこにトーラーを刻めと神が命じているところを、サマリア五書では「ゲリジム山」へと変えられている。

同様に、出エジプト記二〇章と申命記五章の十戒の中に、サマリア五書は、ゲリジム山において神を礼拝せよとの命令を挿入している。このようなサマリア神学的な読みは別として、サマリア五書は、箇所によっては、MTより古い、よりオリジナルに近い読みを伝えている可能性があり、重要な資料である。

これらの他に古代ラテン語訳聖書や、その流れをくむ「ウルガタ」と呼ばれるラテン語訳聖書（後四〇五年頃成立）なども旧約聖書の原典本文研究上重要な資料であるが、ここではそれらに触れる余裕がない。

クムランの旧約聖書写本

クムラン洞窟からは、約九〇〇の写本が発見されているが、その内、旧約聖書の本文を伝えているのはほぼ二〇〇の写本である。

クムラン以外の死海周辺のいくつかの地域からは二三の旧約聖書の写本が見つかっているが、それらはおおむね中世のMTと同じ本文を伝えており、ここではクムラン出土の旧約聖書写本に限定して、話を進めることにしたい。

ひとことで言えば、クムラン出土の旧約聖書写本からうかがわれるのは、旧約聖書本文の流動性であり、それらを残した人々の聖書本文に対する「自由な」アプローチ（姿勢）である。この「自由さ」、あるいは「柔軟さ」は、旧約聖書写本以外の写本における旧約聖書からの引用に目をとめると、さらに一層顕著となる。しかしここでは旧約聖書写本に限定して話を進めることにしたい。

クムラン出土の旧約聖書写本のほとんどは第四洞窟から発見されているが、そのほかに第一（$1QIs^a$と$1QIs^b$を含めて一七写本）、第二（一七写本）、第三（三写本）、第五（七写本と一つのテフィッリーン）、第六（六写本）、第七（二つの七十人訳聖書写本。第七洞窟からは例外的にギリシア語を記したパピルス写本のみが発見された。クムラン写本はほとんどが獣皮紙に記されている）、第八、第一一洞窟（九写本）からも発見されている。

第八洞窟からも、二つの旧約聖書写本と各々一つのテフィッリーンとメズーザー（三二頁参照）が発見されているが、それら以外に六八個の革製の補強用のタブ（革紐）が見つかっており、元来それらのタブは一つの写本巻物に一つずつ付いていたものと想定される。したがって、洞窟には、発見された数をはるかに上回る多くの写本が存在していたものと考えられる。

第四洞窟からはエステル記を除く旧約聖書の全文書の写本が発見されているほか、七十人訳聖書の写本（レビ記、民数記、申命記）、レビ記とヨブ記のタルグムの写本、さらにいわゆる旧約外典・偽典文書である「トビト書」（四つのアラム語断片と、一つのヘブル語断片）、「ヨベル書」、「第一エノク書」、「ナフタリの遺訓」（のもととなった文書）、アラム語で記された「ユダの遺訓」（のもととなった文書）、「アラム語のレビに関する文書」（Aramaic Levi Document）などの断片も発見されている。第四洞窟がクムラン宗団にとっていかに重要な意味を持っていたかがうかがわれる。

クムラン写本の中には、右記の他にも、かなりの数の旧約外典・偽典の写本が含まれている。外典としては「トビト書」以外にも「エレミヤの手紙」（「バルク書」第六章。ギリシア語写本7Q2）、「ベン・シラの知恵」（いずれもヘブル語の写本2Q18と11Q5＝11QPs^{a}.「ベン・シラの知恵」の、前一世紀にさかのぼると見られるヘブル語写本が、マサダにおいても発見されている）、詩篇一五一篇（11Q5＝11QPs^{a}）が、偽典としては「第一エノク書」（第四洞窟から一一のアラム語の写本が発見されているが、「たとえの書」と称される三七章―七一章と一〇八章を含む写本は見つかっていない）、「巨人の書」（三つの洞窟から少なくとも六つのアラム語写本が発見されている。かつては元来の「第一エノク書」の一部で後に「たとえの書」に取って代わられたと考えられていたが、現在では、前三世紀の終わり頃に起源を持つ別個の著作と考えられている）、「ヨベル書」（五つの洞窟から約一五のヘブル語の写本が発見されている）を挙げることができる。

トーブによるクムラン聖書写本の分類

クムラン聖書写本と旧約聖書原典本文研究の権威であるE・トーブは、クムラン出土の旧約聖書写本を、グループ分けが困難であることを認めた上で、とりあえず、あえて次のように分類している。その際にトーブは、二〇〇の旧約聖書写本の内、七二写本はあまりに断片的すぎるとして分析の対象から除外し、残る一二八写本に限定して検討する。

モーセ五書の写本の内、①五二パーセントがＭＴの本文を示し（あるいは、ＭＴとサマリア五書に同程度に近い）、②三七パーセントがいずれのグループにも分類されず、③六・五パーセントがサマリア五書の本文を示し、④四・五パーセントが七十人訳聖書の本文を示している。

モーセ五書以外に関しては、①四四パーセントがＭＴの本文を示し（あるいは、ＭＴと七十人訳聖書に同程度に近い）、②五三パーセントがいずれのグループにも分類されず、③三パーセントが七十人訳聖書の本文を示している。

①は「原マソラ本文」（Proto-Masoretic Texts）あるいは「原ラビ的本文」（Proto-Rabbinic Texts）と呼ばれ、モーセ五書における③は「前サマリア本文」（Pre-Samaritan Texts）、あるいは「調和型本文」（Harmonistic Texts）と呼ばれ、モーセ五書における④と、その他における③は、「七十人訳聖書の背後に想定される原典に近い本文」と呼ばれる。

②はＭＴとも七十人訳聖書ともサマリア五書とも、排他的に一致しない本文で、Non-Aligned Texts と呼ばれる。

このように①と②が圧倒的に多いが、サマリア五書や、七十人訳聖書の背後に想定される本文も混在しており、最初に記したように、クムラン写本からうかがわれる、前二世紀から後一世紀にかけての、旧約聖書ヘブル語本文は、きわめて流動的で、多様性に富んでいる。

それらの中には、クムランにおいて筆写されたものと、クムラン以外の土地で筆写されてクムランへ持ち込まれたものとが混在していると考えられる。

クムラン写本による本文研究の成果の例を、二つだけ紹介しよう。一つはサムエル記上二8で、この箇所をMTに従って訳すと次のようになる。

彼は、貧しい者をちりの中から立ち上がらせ、
乏しい者を灰の中から引き上げる。
彼は、彼らを王侯と共にすわらせ、
栄誉ある位を継がせる。

七十人訳聖書は、この後にMTにはない次の二行を加えている。

彼は、祈る（誓う）者に対して祈り（誓い）を与え、
義人の年（複数）を祝福する。

4QSam[a]（＝4Q51）と名付けられる写本は、この二行に対応するヘブル語本文を伝えており、これによって、右記の七十人訳聖書の二行が、訳者が勝手に付け加えたものではなく

て、七十人訳の訳者が用いたヘブル語の旧約聖書本文に存在していたことが明瞭となった。

このほかにも、4QSam^{a}は七十人訳聖書と一致し、ＭＴとは異なる読みを伝えている。

もう一つも、同じ4QSam^{a}に認められるもので、サムエル記上一一章の冒頭には、サウル王がヤベシ・ギレアデをアンモン人の王ナハシから救ったという記事があるが、従来のＭＴの本文によれば、ナハシは突然ヤベシ・ギレアデを包囲したことになり、そこに至る経緯が不明のままであった。

4QSam^{a}は、サムエル記上一一章の直前に、次のような本文を伝えている。

さて、アンモン人の王ナハシはガド人とルベン人をひどく苦しめていた。ナハシは彼ら一人一人の右目をえぐり取り、イスラエルから救出者が現れるのを許さなかった。ヨルダンの向こうのイスラエル人の中には、アンモン人の王ナハシによって右目をえぐり取られなかった者は、一人もいなかった。しかし、七〇〇〇の人々がアンモン人の手を逃れて、ヤベシ・ギレアデに入った。

これによって、ＭＴでは唐突に始まったように見えるヤベシ・ギレアデの包囲に至る過程が、初めてはっきりすることになる。これはクムラン写本にのみ見出される読みであるが、New Revised Standard Version はこの読みを本文として採用している。同訳はさらに、右記の本文の後に、「約一月後に」という句を、クムラン写本と七十人訳聖書に従って加えている。

クムラン写本の伝える旧約聖書本文の分布について短く記して、この章を終わることにしたい。E・トーブによれば、トーラー（モーセ五書）を伝えるクムラン写本の数は約七四で最も多く、次いで詩篇の写本が三四、イザヤ書の写本が二〇ないし二四、これらに次いで一二小預言者とダニエル書の写本が八である。

モーセ五書の中では、申命記の写本が二七とその数が最も多く、次いで創世記が一九ないし二〇、出エジプト記が一四、レビ記が九、民数記が五ないし六である。

クムラン旧約聖書写本の中には、古いヘブル文字で書かれた写本が一一ないし一二あるが、その内一〇ないし一一はモーセ五書の写本で、もう一つはヨブ記の写本である。これによってモーセ五書とヨブ記が特別な敬意をもって扱われていたことがうかがわれる。ラビ文献によれば、ユダヤ教ではヨブ記はモーセが記したものと考えられていた。

新約聖書との関連で見ると、クムラン写本中の旧約聖書写本においてモーセ五書、とりわけ申命記と、詩篇とイザヤ書が突出してその数が多いことが注目される。新約聖書において引用される旧約聖書の中でも、この三つが突出して多いからである。

第七章　死海写本と新約聖書の関係

1　神の王国とメシア

新約聖書の特色ある概念として、まず「神の王国」（あるいは神の王的支配・王権）と「メシア」が挙げられる。これらは、初期ユダヤ教の黙示的終末論にその背景を持つ。ダニエル書（前一六五年頃）において、ペルシア王ダレイオスは、ダニエルの神をたたえて、次のように語る。

彼は生ける神であって……その王国（malakhuth＝マレクース）は決して滅びることなく、その支配には終わりがない（六27〈口語訳聖書では六26〉。七13-14をも参照）。

「第一エノク書」（エチオピア語エノク書）にも、同様の言葉が見出される（引用部分はダニエル書とほぼ同時代）。

主よ、……あなたの支配と王権と大いさは永久に続き、あなたの権威は代々に限りなく、天はいずこも永遠にあなたの王座、全地は永久にあなたの足台（八四2。村岡崇光訳）。

神の王国の出現は、悪人の断罪と義人の永遠の至福をともなう。「第一エノク書」においては、悪人と義人（選ばれた者）の対立は、異邦人対ユダヤ民族という図式ではとらえられていない。

前一世紀終わり頃に成立した「ソロモンの詩篇」（旧約偽典）において、神の王国への期待はメシアへの期待と結びつく。

メシア（ヘブル語で mashiaḥ＝マーシーアハ、ギリシア語では christos＝クリーストス）とは、神から「油注がれた者」という意味であるが、必ずしも「油」でなく「(聖) 霊」を「注がれた者」の意味でメシアという言葉が用いられることもある（「ダマスコ文書」二・一二〈過去の預言者たち〉、「メルキゼデク書」〈11Q13＝11QMelchizedec〉二・一八、「感謝の詩篇」〈1QH〉四・二六参照）。

マタイ福音書三16とその並行箇所（とヨハネ福音書一32）でも、神の霊がイエスに降ったとされている。メシアとは、基本的には「神から特別な使命を受けて派遣される人物」を意味する。

旧約聖書では、祭司、王、預言者に対して「油が注がれ」ているが、終末的な神の王国と結びついて、ダビデの子孫を「メシア」と呼ぶ例はない。両者の明白な結合は「ソロモンの詩篇」が最初であると考えてよいであろう。

我々の神の王国（basileiā）は永遠に諸国民（異邦人＝ethnē）の上に臨む（一七3）。

主よ、ご覧下さい、そして彼らに対して、ダビデの子である彼らの王を立ち上がらせて下さい……（エルサレムを）踏みにじり滅ぼす諸国民（異邦人）からエルサレムをきよめるために（一七21―22）。

諸国民（異邦人）は彼の栄光を見るために……主の栄光を見るために、地の果てからやって来る……彼は義なる王であり……万人が聖なる者であり、彼らの王は主から油注がれた者（主のキリスト）である。彼は馬、騎兵、弓により頼む（希望を置く）ことなく、自ら戦いのために金銀を増し加えることなく、戦いの日のために数多くの民を頼みとしない（希望を置かない）。主ご自身が彼の王であり……彼は彼を恐れて彼の前に立つすべての諸国民（異邦人）をあわれむであろう。というのも、彼はその口の言葉によって永遠に地を打ちすえ、主の民を知恵において歓喜をもって祝福するのである（一七31―35）。

ダビデの末裔であるメシアは、平和的な支配者であり、神の王国は、ただ神自身の力によって出現する。ダビデの子なる王的メシアの力の源は、軍事力や財力にではなく、神と、神から与えられる聖霊にある。

さらに「ソロモンの詩篇」においては、義人の復活が明言されていることが注目される。「主をおそれる者たちは永遠の生命へとよみがえり（あるいは、立ち上がり〈anastē-sontai〉）、そして彼らの生命は主の光の中にあり、決して絶えることはないであろう」（三12。一三11、一四3、一五13をも参照）。

旧約偽典「モーセの遺訓」（後一世紀）においても、神の王国の出現は人間の軍事力をともなうことなく、義人の殉教を経た後、神自身の力によって天上に実現する。

その時、彼（神）の王国（regnum）がそのすべての被造物のうちに現れるであろう。その時、悪魔（zabulus）は終局を迎えるであろう。……天にいますお方（神）が、その王国の玉座から［立ち上が］り、その子らのために憤りと怒りをもって、その聖なる住居から出てくるであろう。地はふるえ、その果てに至るまで揺り動かされ……太陽は光を放たなくなる。そして、（三日）月の両尖端《せんたん》は闇となって砕け散り、（月は）全体が血に変わるであろう。そして諸星の軌道は混乱に陥るであろう。……永遠にして唯一のいと高き神が立ち上がって、諸国民（異邦人＝gentes）に仇討ちをするために公然と来臨し……（一〇1-7）。

その時イスラエルよ……あなたは鷲の首と翼に乗り……神はあなたを高く挙げ、あなたを諸星の天に……留まらせるであろう（一〇8-9）。

「モーセの遺訓」にはメシアは現れないが、神の王国のイメージが黙示的終末論的にふくらんできている。太陽、月、星の異常現象は、イザヤ書一三10（主の日の到来の描写）、ヨエル書二10、四15（口語訳聖書では三15）に基づき、マルコ福音書一三24-25、マタイ福音書二四29に引き継がれる。

「月が血に変わる」は、ヨエル書三4（口語訳聖書では二31。使徒行伝二20が引用）に基づくが、「全体」の付加はヨハネ黙示録六12と一致する。

　クムラン文書においても神の王国（王権）が語られていることは、すでに一四〇〜一四一頁に記したが、ここでもう一度引用すると、「祝福の言葉」四・二五-二六には「あなたが神の王国の神殿において仕えるように」、4Q212（＝4QEnoch^{g}）4,18には「大いなるお方（神）

の王国（王権）の神殿が建てられるであろう……代々限りなく」とある。

「戦いの巻物」（1QM）では、黙示的終末的な戦いにおいて、神こそが戦いの主導権を握っており、戦いの帰趨《きすう》を決するのは神自身であり（一〇・一―二、一一・二、四―五、一五・一二―一三、一八・一、一三）、天使ミカエル（「誰が神のようであろう」の意）をはじめとする天使たちであり（九・一五、一七・六―七。ダニエル書一〇21、一二1参照）、闇の子らは「神の剣」によって倒される（一五・三、一九・一一）。光の子らの側で戦いの指揮をとるのは「大祭司」であり「祭司たち」である。

光の子らは、

……敵の戦列を神の力によって制圧する……王権（malukhah＝メルーカー）はイスラエルの神のものとなり、彼はその民の聖者たちによって力ある業をなすであろう（六・五―六）。

神よ、あなたはその王権（王国 malakhuth＝マレクース）の栄光の内に［……］あなたの聖者（天使？）たちの群は私たちのただ中にあって永遠に支え（助け）［……］……主は聖であり、栄光の王（神）は私たちと共に……天使の軍勢は私たちの数えられた者たちの内にあり……彼（神）の霊の軍勢は私たちの歩兵と騎兵と共に［……］（一二・

七―九)。

シオンよ大いに喜べ。エルサレムよ歓喜のうちに輝きいでよ。……［……］戦いの勇者たち、エルサレム［……］天上に、主［……］(一二・一三、一七―一八)。

終末の戦いには、光の子らも参戦し(ヨハネ黙示録ではキリスト教徒は終末的戦闘に参加しない)、神の王国(王権)の確立とともに、(末尾欠損のため明瞭ではないが)天上に新たなエルサレムが現れる(ヨハネ黙示録二一2、10では新しいエルサレムは「大からくだってくる」)。

新しいエルサレムの構造は、1Q32, 2Q24, 4Q554–555, 5Q15, 11Q18に詳細に描かれており、いずれも断片的写本であるが、そこには神殿も言及されている(ヨハネ黙示録の新しいエルサレムには神殿は存在しない。そこでは「神と子羊が聖所である」二一22)。

「戦いの巻物」の、戦闘に関する非常に詳細で具体的な指示・規律は、熱心党ないしシカリ派に対して現実のローマとの武装闘争を鼓舞激励した可能性がある。しかし、クムラン文書の中には次のような断片も見出される。

戦士たちは「その力と……」軍事力を誇ってはならず、王たちもその強大な力を、君侯たちもその武器と要塞堅固な町々を（誇ってはならない）［……我らの神に］くらべるべき［ものは存在せず］……我々を助けるべく［……］以上に栄光に満ちたものは存在せず、要塞堅固な町……（4Q460）。

これを見る限り、クムラン宗団は、現実の（たとえばローマとの）武装闘争を意図してはいないように考えられる。

一一一頁に記したように、「戦いの巻物」では終末的救済者としてのメシアは何の役割も担っていない。一一・七の「メシアたち」は、「ダマスコ文書」二・一二、六・一の「聖霊を注がれた者（メシア）たち」同様、過去の預言者たちを指す。

二・一、一五・四、一三の「大祭司」が祭司的メシアを指す可能性は否定できないにしても、その可能性は低く、いずれにせよ、ダビデ的（王的）メシアではない。五・一の「全会衆の君」（と4QM^{f}=4Q496, Frag.10=Col.4.4の「君」）、一一・六の「杖」（民数記二四17の引用）は一般にダビデ的（王的）メシアの称号の一つとみなされているが、戦いの帰趨には関係しない。

クムラン写本の中では、終末に現れる救済者なるメシアに言及している本文は、「共同体の規則」（1QS）、「ダマスコ文書」、「会衆の規則」（1QSa）、「創世記註解」（4Q252）、「メシアの黙示」（4Q521）、「物語」（4Q458）、そしておそらく（解読の仕方によっては）「正典外の詩篇」（4Q381）と「王たちのパラフレーズ」（4Q382）である。「君」ないし「(全)会衆の君」に言及しているのは、「ダマスコ文書」、「祝福の言葉」（1QSb）、「戦いの巻物」（1QM, 4Q285）、「イザヤ書註解」（4Q161）、「モーセのアポクリュフォン」（4Q376）である。「ダビデの枝」に言及しているのは、「イザヤ書註解」（4Q161）、「詞華集」（4Q174）、「創世記註解」（4Q252）、「戦いの巻物」（4Q285）である。「証言集」（4Q175）と右に挙げた「ダマスコ文書」、「イザヤ書註解」、「戦いの巻物」、「祝福の言葉」、「メシアの黙示」にはメシア的称号である「杖」が現れる。

メシア的称号である可能性がある「(息)子」に言及しているのは「詞華集」、「神の子の巻物」（アラム語の黙示。4Q246）、「創世記註解」（4Q254）、「エノシュの祈り」（4Q369）である。クムラン写本全体から見れば、終末的救済者としてのメシアに言及している写本の数は少ない。

「共同体の規則」と「ダマスコ文書」ではアロンの、すなわち祭司系と、イスラエルの、すなわち非祭司系の、二人のメシアが待望されていたこと、「会衆の規則」では、祭司のメシアの下に、祭司が会衆全体を指導することが強調され、王的（イスラエルの）メシアが祭司の下位に置かれていること、メシア（祭司的メシアとイスラエルのメシア）との将来の（終末時の）会食の様子が描かれていること、「祝福の言葉」では、祭司的メシア（ないし大祭司）とイスラエルのメシア（会衆の君）に対する祝福の言葉が見出されること、をそれぞれの項において指摘した。

「創世記註解」(4Q254, Frag.4.2) にも「二人の油注がれた子ら」(shaney beney hayitshar＝シェネー・ベネー・ハッイツハール) が登場するが、ゼカリヤ書四14にまったく同じヘブル語が現れる。二人のメシアの待望は旧約聖書に由来する。

サムエル記上二35には、「私は私自身のために一人の忠信な祭司 (ツァドク) を起こすであろう……彼は私が油注いだ者 (メシア) の前にあってとこしえに出入りするであろう」とあり、王的メシアと祭司とが両者一対のものとして描かれている。ヘブル人への手紙二17が、イエスを「忠信な大祭司」と呼んでいるのはサムエル記上二35による。

ハガイ書によれば、前五二〇年にエルサレムの神殿再建工事が再開した際に、ユダの総督ゼルバベル (ダビデの末裔) と大祭司ヨシュア (ツァドクの末裔) がその指揮をとり、工事を監督した。

ハガイ書二20-23では、ゼルバベルは神から「わがしもべ」と呼びかけられ、さらに「印章」と呼ばれているが、これはメシア的称号である。

ゼカリヤ書三8では、神がヨシュアに語った言葉の中で、ゼルバベルは神のしもべである「枝」(tsemah＝ツェマハ。これもメシア的称号) と呼ばれており、ゼカリヤ書四章の幻の中では、金の燭台 (神) の左右に二本のオリーブの木があり (ヨハネの黙示録一一4の「二本のオリーブの木と二つの燭台」参照)、それらは「二人の油注がれた子ら」である (四14)

と明記され、六9―13では、神はゼカリヤに対して、ヨシュアの頭に金銀で造った冠をのせるよう命じた上で（ヨハネの黙示録四4の「金の冠」参照）、神殿を建立する「枝」が王座に座して統治し、そのかたわらに「祭司がいて、その二人の間には平和に満ちた理解がある」、とヨシュアに語るようゼカリヤに命じる。

さらにエレミヤ書三三15―18には、神はダビデのために「義なる枝」（ユダを救い、エルサレムに平安をもたらす者）を生えさせ、「レビ人なる祭司たちは私（神）の前において燔祭を献げる者（単数）を決して欠くことはない」とある。クムラン写本に認められる二人のメシアの由来は、これらの旧約聖書の章句の中に認められる。新約聖書では、この二人のメシアの役割をイエス一人が担っている。

「ダマスコ文書」七・一八―二〇には、「そして「星」とは「トーラーの解釈者」である……「ヤコブから一つの星が出、イスラエルから一本の杖（shebet＝シェーベト）が起こる」（民数記二四17）と記されているように、「杖」とは「全会衆の君」である。そして彼が立ち上がるとき、彼はセツ（アダムとエバの子）のすべての子らを滅ぼすであろう（民数記二四17）」とある。

「会衆の規則」五・二七―二八も、神が「会衆の君」を「支配者たちの上に杖としてたてた」と記す。

「祝福の言葉」（1QSb）五・二〇以下は、神が「会衆の君」のために、「共同体の契約を更新する」と記し、イザヤ書一一2、4、5、ミカ書四13、民数記二四17を引用しつつ、「会衆の君」を賛美している。

「(全) 会衆の君（指導者）」(Prince of the 〈whole〉 Congregation) はクムラン写本中に一〇回現れる。ちなみに、「君」と訳した nasiy' ＝ナースィーは、現代ヘブル語では「大統領、総裁、学長」を意味する。エゼキエル書三四24は、神のしもべとしてのダビデを「ナースィー」と呼び、三七25は「わがしもべダビデはとこしえに彼らのナースィーとなるであろう」と記している。

タルグム（旧約聖書のアラム語訳。正確には「タルグム・ヨナタン」）は、この二ヵ所のナースィーを「王」(mlk') と訳しているが、この訳語にはメシア的な意味合いが込められている。

旧約聖書の最初の六つの書物の中には、「会衆の君たち」という複数形はしばしば認められるが（出エジプト記一六22など）、単数形の「会衆の君」は旧約聖書には現れない。

第二次ユダヤ戦争（後一三二年～一三五年）中に発行された貨幣（やパピルス）が、バル・コクバを「イスラエルのナースィー」と呼んでいることが注目される。前記のように（七七頁）「バル・コクバ」＝「星の子」という名前は民数記二四17の「星」に由来するもので、彼は「メシア」と崇められていた。クムラン写本に現れる「(全) 会衆の君（指導者）」も、終末に現れる、ダビデの子孫としての救済者なる王的メシアを指すものと思われる。

「戦いの巻物」(4Q285, Frag.5.4) では、「会衆の君」は「ダビデの枝 (tsemaḥ＝ツェマハ)」と同定され、「創世記註解」(4Q252, Col.5.2－4) では「ダビデの枝」は「正義のメシア」と同定されている。「ダビデの枝」というメシア的称号も旧約聖書に由来する。

イザヤ書四2には、「その日にはヤハウェの枝 (tsemaḥ) は美しく栄光に満ちる」とあり、イザヤ書一一1は、エッサイの根 (shoresh＝ショーレシュ) からはえでる若枝 (netser＝ネーツェル) に言及し、六〇21は、終末時の義なる民を若枝と呼ぶ。

エレミヤ書二三5、三三15には、神がダビデのために一本の「義《ただ》しい枝 (tsemaḥ tsedaqah＝ツェマハ・ツェダーカー)」を生じさせるとある。ゼカリヤ書三8、六12の「枝」については前に記した。

「創世記註解」五・二－四は、創世記四九10の「支配者の杖 (meḥoqeq＝メホーケーク) はその (ユダの) 両足の間から離れることなく」を解釈して、「……「杖」とは王国 (王権) の契約であり、[いく] 千人ものイスラエルが「足」である。ダビデの枝である義なるメシアが到来するまで。彼と彼の子孫とに、彼の民の王国 (王権) の契約が代々限りなく与えられた……」と記し、「詞華集」(4Q174＝4QFlor, Frags.1－3, Col.1.10－13) は、サムエル記下七11－14を解釈して、「これはダビデの枝を指す。彼は、終末にシ [オン] に [立ち上がる]「トーラーの解釈者と共に、現れるであろう」と記し、続いてアモス書九11を引用して「イスラエルを救うために生まれる」人物に言及する。

サムエル記下七14は、コリント人への第二の手紙六18、ヘブル人への手紙一5、ヨハネの黙示録二一7で引用され、アモス書九11‐12は使徒行伝一五16‐18で引用されている。「イザヤ書註解」(4Q161＝4QpIs^{a}, Frags.8−10, Col.3.18−25)も、イザヤ書一一1‐5を、終末に現れる「ダビデの枝」への言及ととり、イザヤ書一一3を、このダビデの枝が祭司たち、とりわけ秀でた祭司たちの一人の助言と指導に従って統治し裁きを行うという意味に解している。

イザヤ書一一2はペテロの第一の手紙四14で引用され、一一4はテサロニケ人への第二の手紙二8でも引用されている。

イエスをダビデの子孫としてのメシアとみなしている新約聖書において、「ダビデの枝」という称号が現れないことが注目されるが、ヨハネ黙示録五5、二二16がイエス・キリストを「ダビデの根(rhiza＝リザ)」(口語訳は「若枝」、新共同訳は「ひこばえ」)と呼んでいるのは、イザヤ書一一1で同じギリシア語が、エッサイの「株」(gezaʿ＝ゲーザー)と「根」(shoresh＝ショーレシュ)の七十人訳聖書の訳語として用いられていることによる。「エノシュの祈り」(4Q369, Frag.1, Col.2.6)には、「あなた(神)は彼をあなたの初子(bakhor＝ベコール)と定めた」とあるが、これは詩篇八九28(口語訳聖書では27)の「また私は(私の)初子、彼を地の王たちの中でも最も高い者とするであろう」に由来する。

コロサイ人への手紙一18は、イエス・キリストについて「彼は始めであり、死者たちの中からの初子（prōtotokos）である」と記し、ローマ人への手紙八29には「彼（神の子なるイエス・キリスト）を多くの兄弟たちの中で初子とするために」とあり、ヘブル人への手紙一6は「さらにまた彼（神）は初子を世界の中へと導き入れる際に……」と記しているが、これは七十人訳聖書が詩篇八九28の「初子」をprōtotokosというギリシア語で訳していることによる。

言うまでもなく、これらの新約聖書の章句に現れる「初子」はイエスがメシアであることを指し示す用語の一つである。

「神の子の巻物」（アラム語の黙示。4Q246）一・九―二・一には、「彼は偉大なる者と呼ばれるであろう……彼は神の子と呼ばれ、彼らは彼をいと高き御方の子と呼ぶであろう」とあり、二・五には「彼の王国は永遠の王国となるであろう」（ダニエル書七14による）とある。

これはルカ福音書が、イエスについて、一32で「この人は偉大なる者となり、いと高き御方の子と呼ばれるであろう」と、一33で「彼の王国には終わりはないであろう」と、一35で「神の子と呼ばれるであろう」と記しているのと、みごとに対応する。ルカ福音書はメシアを指すこのような表現と、メシアとその王国との密接な関連を、ほぼ同時代のユダヤ教から借用していることは明瞭である。

クムラン文書によれば、神の王国（支配）は悪霊を恐怖におとしいれる。「彼（神）の王国（支配）は並外れて力強き者たちの上におよび、彼の優勢な権能の前に、すべてのものが恐れを抱き……賢者であるこの私は、彼（神）の栄光の輝きを宣言する、すべての破滅の天使たちの霊……悪霊たち……を恐怖におとしいれるために」（4Q510, Frag.1, 3－5)。

マタイ福音書一二28「もしも私（イエス）が神の霊によって悪霊どもを追い出しているなら、神の王国はあなた方のところに来たのである」、ルカ福音書一一20（マタイ一二28の「神の霊」が「神の指」となっている)、マルコ福音書五1－20（イエスが悪霊ないしけがれた霊に向かって、とりついた人から出るよう命ずると、悪霊は恐怖におちいる）と並行箇所などを参照。

新約聖書の福音書において、神の王国とダビデの子としてのメシア・イエスとの結合は、イエスのエルサレム入城に際しての、民衆の歓呼の声に認められる。

マタイ二一9「ダビデの子にホサナ、主の名において来る者はたたえられよ、いと高きところにおいてホサナ」

マルコ一一9－10「ホサナ、主の名において来る者はたたえられよ、我らの父ダビデの来たるべき王国はたたえられよ、いと高きところにおいてホサナ」

ルカ一九38「主の名において来る王はたたえられよ、天には平和が、いと高きところには栄光があるように」

ヨハネ一二13「ホサナ、主の名において来る者はたたえられよ、そしてイスラエルの王は」

「ホサナ」とは「お願いします、救って（助けて）下さい」というヘブル語（hoshi'ah na'＝ホーシーアー・ナー）に由来するが、同様のヘブル語表現（ホーシーアー）はクムラン写本の中に六回現れる。

キリスト（メシア）なるイエスもまた、「あなた（神）の王国が来ますように」（マタイ六10、ルカ一一2）と祈るよう命じている。

2　復活

クムラン写本の中には、エゼキエル書三七章を引用して、義人の復活にふれていると考えられる断片（4Q385）があり、また、ダニエルの名にふれた後、「聖なる者たちが……起きあがる（よみがえる）」と記している断片（4Q245）も見出されている。

しかし、永遠の生命への言及がクムラン文書に一般的であるのに対して、復活の明言は少なく、「肉体のよみがえり」の信仰はクムランでは一般的ではなかったとも言われている。しかし、「第一エノク書」やダニエル書を重視し、それらの影響下にあったクムラン宗団において、復活信仰が「少数派」のみのものであったとは考え難い。

4Q521では、メシアの到来と復活が結び付けられている。これはいくつかの断片からなる写本で、残存部分は、イザヤ書六五17の「新天新地」の出現の預言を思わせる言葉で始まり、メシアの到来と共に天地が改まり、天地がメシアに聞き従い、全宇宙が新しい段階に入ることを期待している。

［……て］ん（天）と地は彼（神）のメシアに聞き従い……主は貧しい（謙遜な、柔和な）者たち（'anawim＝アナーウィーム）の上に彼の霊を置き……彼（神あるいはメシア）は彼の永遠の王国のみ座において敬虔な者たちに栄誉を与え、囚人を解放し、盲人の目を開き……ひどく傷つけられた（あるいは、殺された）者たちをいやし、死人をよみがえ（生きかえ）らせ、貧しい（謙遜な、柔和な）者たちに福音を告げ……（Frag.2, Col.2）。

……その民の死者をよみがえらせ……（Frag.5, Col.2）。

「囚人を解放し」は、詩篇一四六7の（イザヤ書四二7、六一1をも参照）、「貧しい（謙遜な、柔和な）者たちに福音を告げ」はイザヤ書六一1の、引用である。4Q521に記されているメシアは、マラキ書の預言するエリヤ、このエリヤ像と重ねて受け取られていたイザヤ書六一1に預言されている預言者、のごとき人物である可能性が高い。

このテキストは、イザヤ書六一1と詩篇一四六7–8を思い起こさせる言葉を連ねて、囚人の解放、盲人のいやし（この二点の並置は詩篇一四六篇およびルカ福音書四18と共通。イザヤ書四二7をも参照）、ひどく傷つけられた（あるいは、殺された）者のいやし、貧しい（へりくだる）者たちへの福音の告知、そしてこれに続けて、死者の復活を語っている。

マラキ書三23‐24（口語訳聖書では四5‐6）における「新しい（再来の）エリヤ」の到来の期待は、旧約外典「ベン・シラの知恵」（前一九〇年頃）では、復活待望と結びつけられている。

ベン・シラは、エリヤに次のように呼びかける。

あなた（エリヤ）は、至高者（神）の言葉をもって、死者を死から、そしてハデス（黄《よ》泉《み》）から甦《よみがえ》らせ（egeirō）……やがて時至れば（再来して）、（神の）怒りが激しくなる前に（神の）怒りをしずめ、父（単数）の心を息子（単数）へと向け、ヤコブの諸部族を回復（更新）する（kathistēmi）。あなたを見て、愛の内に眠りについた人々は幸せである。我々も必ず生きる（四八5‐11）。

マラキ書（前六世紀前半）を引用しながら、エリヤに死者を甦らせる力を帰していること、復活への期待が、神の激しい怒りによってイスラエルが滅ぼされることのないようにとの期待と結びついており、同じエリヤの力によって一二部族の連合体としてのイスラエルが元通りに回復することを期待していることが注目される。

福音書のイエスの言動にも、一二弟子の選びに象徴されるような一二部族の連合体としてのイスラエルの回復（精神化された意味であるにせよ）への期待がうかがわれる（マタイ一九28、ルカ一八30参照）。

新約聖書より後代のものであるラビ文献においても、エリヤは復活をもたらすべき人物として、待望されている（『ミシュナ』「ソタ」の最後〈九・一五〉、『エルサレム・タルムード』「シェカリム」三・三参照）。

ところで、ルカ福音書四18–19（イエスの宣教開始の第一声）には、「主の霊が私の上に（ある、ないし、降った）。貧者に福音を伝えるために、（主が）私に油を注ぎ、囚人に解放を、盲人に開眼をのべ伝えるため、打ちひしがれ（圧迫され）ている者たちを解放させ、主の恵みの年をのべ伝えるために、私をつかわした」とある。

ギリシア語原文は、イザヤ書の七十人訳聖書（LXX）とほとんど逐語的に一致するギリシア語のフレーズによって構成されている（六一1＋五八6＋六一2）。

右に引用した箇所に続けて、ルカ福音書四21には、「この（旧約聖）書（の言葉）はあなた方が耳にした今日成就した」と記されており、さらに続けて二七節以下で、エリヤ（列王紀上一七）とエリシャ（列王紀下五）の故事を引き合いに出して、イエスの使命が異邦人を対象にしたものであることが明言されている。つまり、イエスもエリヤと結びつけて考えられているのである。

以上の検討をふまえて、マタイ福音書一一5（＝ルカ福音書七22）を見てみたい。ヨハネの弟子を通しての「あなたこそ来たるべきお方か」とのヨハネの問いに、イエスは次のように答えている。

盲人は見（イザヤ書二九18、三五5、四二7、六一1〈LXX〉、詩篇一四六8、4Q521）、足なえは歩き（イザヤ書三五6）、ハンセン病者はきよめられ（列王紀下五＝エリシャ）、耳の聞こえない者は聞き（イザヤ書二九18、三五5）、死者はよみがえり（イザヤ書二六19、4Q521）、貧者は福音を伝えられている（イザヤ書六一1、〈二九19〉、4Q521）。

イザヤ書六一1を中心とする言葉が復活と結びつけられている点に、4Q521との密接な関係が読みとれるが、さらに、復活への言及の直後に貧者への福音伝達が置かれている点において、両者が一致していることが注目される。

同様の旧約聖書の章句の組み合わせが復活と結合した形で新約聖書以前に、きわめて近い宗教的文化的な環境の中に存在していたという事実は注目すべきであろう。4Q521において、終末時に神（あるいはメシア）に帰されている救済行為が、福音書では地上のイエスの業の内に実現しているものとして描かれている。

3　知恵と、やがて現れるべき秘密

クムラン文書の知恵文学的な写本において「やがて現れるべき秘密」(raz nihyeh＝ラーズ・ニフエー)という言葉が繰り返し現れる(クムラン写本全体で推読も含めて二六回)。「知恵の書A」(4Q416, 4Q417)には、

あなたは貧しい者である。自分の分以上のものを欲するな。……もしも豪奢《ごうしゃ》な生活をゆるされたならば、そのように生活せよ。そして、やがて現れるべき秘密により、そのよって来たるゆえんをたずねよ。……あなたは貧しい者である。「私は貧しいから知識を学ばない」と言ってはならない。……やがて現れるべき秘密を学べ。そして真理(真実)のすべての道を悟れ。また不正(不法)のすべての根を熟慮せよ(4Q416, Frag.2, Col.3.12−15)。

やがて現れるべき秘密を熟慮し、救いの生まれる時を理解せよ。……霊において悔悟した者たちに喜びが、嘆き悲しむ者たちに永遠の喜びが、定められていないであろうか。

……自分自身の罪を見過ごしにするな。へりくだった者のようになれ……神が現れ（ご覧になり）、彼（神）の怒りは立ち帰り（しずまり）、彼（神）はあなたの罪を見過ごして下さるであろう。［彼（神）の怒り］の前には誰一人立ち得ないであろう。彼（神）が裁きを下す時、誰が義と認められるであろうか。そして（神の）ゆるしがなければ、貧しい者はいかにして［彼（神）の前に立ち得ようか］（4Q417, Frag.1, Col.1 10－17）。

昼も夜も、やがて現れるべき秘密について瞑想《めいそう》し、常にそれを学べ。そうすれば、あなたは真理（真実）と不正（不法）を知るであろう。知恵と愚かさとをあなたは［……］……そうすればあなたは善と悪とをそれらの業に従って見分けるであろう。というのも、知識の神は真理（真実）の基礎であり、やがて現れるべき秘密によって彼（神）はその基礎を置いたのである。そしてその業を彼（神）は［……］知恵をもって［用意なさった］のである（4Q417, Frag.2, Col.1.6－9＝4Q418, Frag.43, 4－6）。

とある。

「やがて現れるべき秘密」は、知恵的文書のみでなく「共同体の規則」（1QS）にも現れる。

彼（神）の義によって彼は私の罪をぬぐい去って下さるであろう。というのも、彼の知識の源から、彼は彼（あるいは、私）の光を放ち、それによって私の目は彼の不思議なみ業を見、私の心の光はやがて現れるべき秘密を見つめたのである（一一・三–四）。

「共同体の規則」四・三–四は、「神のすべてのみ業のうちに確立されている不思議な（驚くべき）知恵」を真実の霊・光の子らのものとし、四・一八は神の「神秘的な英知と栄光に満ちた知恵」が虚偽の終わる時を定めていると記し、四・二二には「正しい者たちは至高者の知識と天の子らの知恵を洞察するであろう」とあり、四・二三–二四は「現在に至るまで、真実と虚偽の霊が人間たちの心の中で争っており、彼らは知恵あるいは卑しさ（愚かさ）のうちに歩む」と記し、一一・一五–一六は「あなたのしもべの心を知識へと開きたもうわが神よ、あなたはほむべきかな」と知恵を与える神をたたえている。

「詩篇一五四」（11Q5, Col.18.3ff.）には「知恵が、ヤハウェの栄光を知らしめるために与えられた。……彼ら（ただしく敬虔な者たち）が……食事をする時には、彼女（知恵）が話題となり、彼らが……共同で飲むとき、彼らは至高者のトーラーを瞑想する」とある。

「感謝の詩篇」の詩人によれば、神は知恵によって宇宙（世界）と人類を造り、その行程を定めたのであり、人間にとって最高の知恵（ないし知識）は神から与えられるものであって、詩人はそれを特権的に神から受け取り、彼の共同体のメンバーに伝える役割を担っている（九・七–八、一九、二一・二七、一五・二六–二七、一六・二三参照）。

クムラン宗団は神と新しい契約を結んだと考えていた。この新しい契約の民に対して、神は知恵と真の知識を与え、「やがて現れるべき秘密」を示した。彼らは、神の前に自らを低くし、罪を悔い改めつつ、日夜知恵と「やがて現れるべき秘密」に思いを凝《こ》らし、それを学び続けていた。

ハリントンは、「やがて現れるべき秘密」と新約聖書の「神の王国」との共通性を指摘し、マタイ福音書一三44‐46（天の王国を、畑に隠されている宝物、美しい真珠を探している商人にたとえ、それらを見つけた者は、全財産を売り払ってそれらを購入する）を参照させる。

両者は共に、終末論的な性格を持ち、神の将来の計画を知ることとかかわりつつ、それを知り学ぶことは現在の生を知恵と幸福とに満ちたものとする。

ヘブル語のラーズは、旧約聖書の中ではダニエル書にのみ現れる（二18、19、27‐30、47、四6〈口語訳聖書では9〉）。これに対応するギリシア語は、ミュステーリオン（mysterion）である。

ミュステーリオン

ミュステーリオンは「秘密」を意味するが、新約聖書の邦訳ではほとんど常に「奥義」と訳されている。マルコ福音書四11と並行箇所の「神の王国の奥義」（マタイでは、天の王国の奥義）は、イエスの教えの中核・核心を指す。イエスの弟子たちにはこの奥義（を知ること）が与えられた。

パウロもまた次のように語る。

我々はミュステーリオンのうちに隠されてきた神の知恵を語る。……（それを）神は霊を通して我々に啓《ひら》き示した（一コリント二7‐10）。

コロサイ書二2では、キリスト自身が「神のミュステーリオン」と等置されている。

クムラン写本の中の知恵文学的な本文「賢者の祝福」（4Q525）では、「幸いである……する者は」という句が五回繰り返されている。これは、マタイ福音書五3‐12とルカ福音書六20‐23の同様の句の繰り返しを思い起こさせる。

たとえば、「賢者の祝福」（4Q525）の「きよらかな心をもって［真実を語る者（あるいは、歩む者）は幸いである］」（Frag.2, Col.2.1）は、マタイ福音書五8「心のきよらかな者たちは幸いである」と類似しており、「幸いである……柔和な（あるいは、へりくだった）魂をもって、彼女（知恵、あるいはトーラー）を忌み嫌わない者は」（4Q525, Frag.2, Col.2.3‐6）は、マタイ福音書五5「柔和な者たちは幸いである」と類似している。

しかし、「賢者の祝福」が、知恵と「いと高き御方のトーラー」を求めることを主眼としているのに対して、マタイ福音書五3−12とルカ福音書六20−23では、終末的な神の王国が念頭に置かれており、「私（イエス）のために」（マタイ福音書五11）あるいは「人の子のために」（ルカ福音書六22）苦難を受ける者は「幸いである」と結んでいる。

「知恵の書A」（4Q416, Frag.2, Col.2.21）には、「さらにまた、あなたのふところの器に侮辱を加えてはならない」とあるが、文脈から「ふところの器」とは「妻」を指す。パウロもまた、テサロニケ人への第一の手紙四4において、「あなた方一人一人が自分自身の器を聖潔と敬意の内にめとることを知ること」が神の意志であると記しているが、この「器」も「妻」を指す可能性が高い。

新約聖書の福音書において、イエスは、終末的預言者、カリスマ的治癒《ちゆ》者であると同時に知恵の教師として現れる。

マタイ福音書一二42とルカ福音書一一31では、イエスは「ソロモンの知恵」に優る知恵の付与者とされ、マタイ福音書一一19、ルカ福音書七35、一一49では、イエスは「神の知恵」の代弁者（使者）であり、コリント人への第一の手紙一24はイエス・キリストを「神の力にして神の知恵」と呼び、コロサイ人への手紙二3はイエス・キリストの内に「知恵と知識のあらゆる隠された財宝がある」と記している。

クムラン写本の中には、直接間接を問わず、イエスや初期キリスト教への言及は見出されない。しかし、洗礼者ヨハネが活動の初期においてクムラン宗団と何らかの関係があった可能性は否定できず、イエスや初期キリスト教が（クムラン宗団は別にしても）広い意味でのエッセネ派を知っていた可能性も、状況証拠から十分考慮しうる。

しかし、新約聖書にはエッセネ派はまったく言及されておらず、エッセネ派がイエスや初期キリスト教に影響を与えたと言うよりは、背景の一部ととらえるのが適切であろう。最初期のキリスト教は、ユダヤ教の一グループとして出発したことを考えれば、旧約聖書をはじめとする共通の先祖の遺産を受け継ぎつつ、共通の文化的宗教的な土壌に生まれ育った二つのグループが類似していることは、むしろ当然であり、類似点の中には他のユダヤ教グループ（文献）と共通するものも少なくなく、より広い視野の下に、両者の関係は研究され論じ続けられている。

虚心坦懐《きょしんたんかい》にイエスの言葉に耳を傾け、新約聖書の告知を真摯《しんし》に受け止め、この世界の罪過の共同性を深刻に感じ取り、知的誠実を貫こうとする人々にとって、クムラン文書から学ぶべきものは、決して少なくない。

補遺——エッセネ派に関する古代資料（算用数字は節数を示す）

フィロン『自由論』（『すべての善人は自由である』）75–91

75シリアのパレスティナもまた、善美を生み出す土地である。きわめて人数の多いユダヤ人という民族の少なからざる部分が、ここに居住している。彼らの中にはエッセネ人（エッサイオイ）と呼ばれる人々がいる。その数は四〇〇〇を超える。

私の考えでは——（彼らの名称は）正確なギリシア語形ではないが——彼らの名称は「聖潔」（ホシオテース）という言葉に基づくものと思われる。彼らは、動物を犠牲として献《ささ》げることによってではなく、自分たち自身の思い（ディアノイア）を聖なる御方（神）にふさわしいものとして整えることを大切にすることによって、とりわけ神に仕える者たちだからである。76この者たちは、第一に、町々（ポレイス）に住む人々の間に習慣的となっている不法の故に、町を逃れて村に住んでいる。ばいきんだらけの空気から病気が生ずるように、一緒にいる（町の）人々から癒し難い悪影響を魂に対してこうむると考えているからである。彼らの中のある者たちは農耕に従事し、他の者たちは平和に奉仕し得る技術を追求する。こうして自分たち自身と隣人たちとを益するのである。彼らは銀や金を蓄えることなく、利得に対する欲望から広い土地を所有することもなく、生活にどうしても必要なものだけを用意するのである。77全人類の中でも、運がなかったためじゃなく、むしろ進んで金銭や財産を放棄しているのは、ほとんど彼らだけであるが、彼らこそ最も富んでいると考えられる。彼らはごくわずかなものしか必要とせず（オリゴデイア）、それで満足していること（エウコリアー）こそが、事実そうである通りに、豊かさであると考えているからである。78彼らの許《もと》には、矢・投げ槍・短剣・兜《かぶと》・胸当て・楯を造る職人、つまり総じて武器や戦具を造る者、何であれ、戦争に関わりのあるものを造る者は一人も見出し得ないであろう。また、平和に関わりのあるものの中でも、悪徳（カキアー）のために用いられ得るようなものも（造らない）。彼らは実際、商業については、小規模なものにせよ、船を使うような（大規模な）ものにせよ、何の夢も抱いておらず、より多く持ちたいという衝動を退けるのである。

79彼らの許には奴隷は一人もおらず、全員が自由人としてお互いに親切を施し合う。彼らは支配者を軽蔑するが、彼らは、支配者というのは平等を蹂躙《じゅうりん》する不義な者たちであるばかりでなく、自然の掟を破壊する不敬虔な者たちであると考えている。自然は母親のような仕方で万人を同じように生み、はぐくみ育てて、名目上のみならず実質的に、真の兄弟たちとしたのであるが、彼ら（兄弟たるべき万人）の親しいきずなを、欺瞞的な貪欲が優勢となってぶち壊してしまい、親和（オイケイオテース）に代えて疎遠（アッロトリオテース）を、友愛に代えて敵意を生み出したのである。80彼らは、哲学の中でも理論的な部分（ト・ロギコン）は、徳の獲得にとってなくてはならぬ部分ではないとして、言葉を追求する者たちの手に委ね、自然学（ト・ピュシコン）は人間の本性を超えるものとして、「星を見つめる人々」の手に委ね――ただ、自然学の中でも、神の存在と万物の生成を哲学的に取り扱う部分は別であるが――父祖伝来の法（ノモイ）を導き手として、もっぱら倫理学（ト・エーティコン）を、熱心に追求する。この法は神の霊感なしには人間の魂の考え出し得るものではない。

81彼らは、これらを常に（安息日以外の他の機会にも）教育されるのであるが、とりわけ第七日目ごとにそうする。七日目は聖なる日とみなされ（て区別され）ているからである。その日には他の仕事をやめて、シナゴーグ（会堂）と呼ばれる聖なる場所へ出かけて行き、年齢に従って、秩序正しく、若者が老人の下座に着席し、その場にふさわしい礼儀作法を守って、喜んで耳を傾ける。82すると、一人の人が書物（タース・ビブルース）を取り上げて朗読し、特に経験豊かな、いま一人の人が進み出て、わかりにくい部分を説明する。というのも、古めかしい熱意をもって、彼らはその哲学の大部分を象徴（比喩、シュンボロン）を通して遂行するのである。

83彼らは、敬虔、聖潔、正義、家政（オイコノミアー）、市民生活（ポリテイアー）、真理に照らして善なることと悪なること、および善でも悪でもないことに関する知識、選ぶべきものを選びとり、反対のものを避けること、を学び、根本原則（基準）として愛神・愛徳・愛人の三つを定めている。84彼らの愛神の例は無数にある。全生涯を通じての途切れることのない（宗教的な）純潔さ、誓わないこと、嘘をつかないこと、神はあらゆる善の原因であるが、いかなる悪の原因でもないと考えていること、である。愛徳の例は、金銭・名誉・快楽に対する無欲さ、節制、忍耐力、さらにつましさ（オリゴデイア）、単純素朴さ（アペレイア）、満足（エウコリアー）、謙虚さ、法の尊重（ト・ノミモン）、落ち着き（ト・エウスタテス）、およびこれらと同類のさまざまな性質である。愛人の例は、好意（親切）、平等（分け隔てしないこと、イソテース）、いかなる言葉を用いても説明し切れないその共同生活、である。この共同生活について短く言及するのは、場違いなことではないであろう。85まず第一に、誰の家もその人個人のものではないが、万人にとって共同のものであるというわけでもない。実際、それは同じグループ（結社）の共同生活のために開放されているのみでなく、よそからやって来る同信の者たちのためにも開かれている。

86次に、彼らは一つの金庫を全員が共有し、共同会計であり、衣類も共有、食事も共同で、一緒に集まって食べるのである。同じ屋根の下で共同の生活をし、食卓も共有しているという生き方を、これほどに徹底して行っているのは、彼ら以外には見出し得ないであろう。それも当然のこと、彼らは一日働いて手に入れる報酬を個人のものとしてしまい込むことなく、すべて（皆の）真ん中に提出し、共同のものとして、それを利用したいと望む者たちの便宜に供するのである。87病人たちは、何のかせぎもないからといってないがしろにされることなく、治療に必要なものは共同会計からまかなわれるので、何の心配もなく、あり余る中から消費し得るのである。老人たちに対しては敬意と配慮が払われるが、それは両親が本当の子どもたちによって手（行い）と豊かな気配り（ディアノイア）をもって何不足なく老後の世話をされるのに似ている。

88このような徳の競技者たちを、この哲学は生み出すのである。この哲学はギリシアの（哲学）用語に凝ることなく、称賛されるべき実践という訓練を課する。この実践によって、何ものにも隷従しない自由が確立するのである。89その証拠は以下のごとくである。各時代ごとに性格も傾向も互いに異なる数多くの支配者たちが、その地方を次々と支配したのだが、その中のある者たちは、その野蛮さの追求において野獣の残忍さをもしのぐほどであり、残酷非道の限りを尽くし、従属民たちをまとめて虐殺し、あるいは生きながら彼らの肢体各部をばらばらに切り刻み、人間界のできごとをみそなわし給う正義（の女神）によって（彼らが苦しめた人々と）同じ苦しみにあわせられることになるまでは、（その悪行を）やめようとしなかったのである。90また、（支配者たちの中の）ある者たちは狂暴さと激しい怒りを他の形の悪にすり替えて、言葉で言い表すことのできないような非道な行いを重ね、口では穏やかな言葉を語りながら、猫なで声の陰に深い憎悪の念をちらつかせ、毒をまき散らす犬（狂犬？）のような仕方でじゃれつき、癒し難い災いの原因となり、各町ごとに自分たち自身の不敬虔と残酷さとの記念碑として、苦しめられた人々の忘れることのできない不幸の数々を残したのである。

91（このような支配者たちの中でも）とりわけ残忍な人々や、きわめて欺瞞的で不誠実な人々ですらも、エッセネ人——あるいは敬虔な人々——の上述の集団になんくせをつけることはできず、全員がこれらの人々（エッセネ人）の善美（徳）に圧倒され、彼らをその本性上、自主独立の自由人たちのごとくに取り扱い、彼らの共同の食事や、いかなる言葉を用いても説明し切れないその共同生活（交わり）を称賛した。この共同生活は、完全にしてきわめて幸福な生活の、最も明瞭な証拠である。

フィロン『ヒュポテティカ』一一1–18

1われらが立法者（モーセ）は無数の弟子たちを促して共同生活（交わり）へと向かわせたが、この者たちはエッセネ人（エッサイオイ）と呼ばれている。彼らは、その聖潔のゆえをもってこの呼称にふさわしい者とみなされたものと私には思われる。彼らはユダヤの多くの町々に住んでいるが、多くの村々にも住んでおり、多人数の大集落を形作っている。2彼らがこの生活を選んだのは、民族的な動機によるものではなく——自発的に何かを行おうとする人々には民族などというものは関係ないのである——徳に対する熱意と、人間に対する激しい愛情のゆえである。

3エッセネ人の間には幼児は一人もいないし、ひげの生え始めた者や青年（若者）もいない。このような（若い）者たちは、まだ年齢的に成熟していないために、その性格が定まらず、新しいものに飛びつきやすいからである。（エッセネ人たちは）成熟した（テレイオイ）男たちで、すでに老年に近づいており、肉体の（欲望の）流れにおぼれることも、情念に導かれることもなく、類いまれなる真実の自由を心から楽しんでいるのである。4彼らの自由を証明するのは、その生活である。誰一人、私有財産を持とうとする者はなく、家、奴隷、土地、家畜、その他、何であれ富をもたらすようなものは一切私有しない。すべての物を（皆の）真ん中に出してひとまとめにし、それらすべてから生ずる利益を共同で享受する。5彼らは友好的な結社を作り、同じ場所に住んで共同の食事をし、すべてを共同の利益のためになしつつ時を過ごしている。

6彼らは、それぞれ異なった仕事に従事し、しかもその仕事にうむことなく猛烈ないきおいで取り組み、寒さも暑さも、その他いかなる大気の変化をも口実に（して休息）することはない。太陽が昇る前にいつもの仕事に向かい、太陽が沈むとようやく帰宅する。体操競技に出場するために整列している者たちに劣らず（勤労を）喜んでいるからである。7彼らは自分たち自らに課している訓練の方が、肉体の盛時と共にその活力を失うことがないゆえに、体操競技の訓練よりも人生にとって益が多く、魂にとっても肉体にとっても、より快くかつ永続的であると考えている。

8具体的に言えば、彼らの中のある者たちは、種まきや耕作にたけた農夫であり、ある者たちは牧夫であってあらゆる種類の家畜を管理し、またある者たちは蜜蜂の群を飼っている。9他の者たちは、さまざまな技術に通じた職人たちである。そのため、彼らは生活必需品に事欠くようなことはない。彼らは、咎《とが》められるところのない収入を得るために役立つことは決して後へ遅らせない。

10各人は、このようにさまざまな仕事によって報酬を手に入れると、選ばれ（て任命され）た一人の会計係に与え、彼はこれを受け取ると直ちに必要な品々を購入し、豊かな食料やその他人間が生きるために必要とする一切のものを提供する。11彼らは毎日毎日生活を共にし、食卓を共にし、同じもので満足し、つましい生活を愛し、ぜいたくを魂と肉体の病として避ける。12彼らは食卓を共にするのみでなく、衣類をも共有し、冬には厚い外套が、夏には簡素なシャツが出されており、誰でも容易に自分の望む衣類を取ることができるし、そうすることが許されている。個人のものは全員のものであり、逆に、全員のものは個人のものであるとみなされているからである。

13さらに、彼らの中の誰かが病気になった場合には、共同会計によって病気の面倒を見てもらうことができ、全員の世話と配慮によって看病される。老人たちはたとえ、たまたま子どもがなくても、ただ子どもが多いだけでなく、よい子どもに恵まれた親のように、最も幸福なそして豊かな（快適な）老年を過ごし一つ世を去るのを常とする。自然の本能というよりは自発的な意志によって彼らに仕えようとする、これほど多くの者たちから（老人たちは）特権と尊敬を与えられるのである。

14さらに彼らは、鋭い洞察力をもって、結婚を、共同生活を破壊するおそれのある唯一の、あるいは、最大のものとみなして、ことさらに強い節制力をもって、結婚を避けた。エッセネ人たちの中には結婚している者は一人もいない。女（妻）は自己愛が強く、異常に嫉妬深く、夫をおびきよせてわなにかけ、たえず魔法をかけて夫の性格を自分の支配下におさめてしまうのにたけているからである。15おべっかや、舞台にでもいるようなその他の演技に精を出し、（夫の）目と耳をわなにかけると、だまされた臣下たちとでもいうべき者（夫）たちの最も大事な部分である理性を欺くのである。16その上、もしも子どもでもできようものなら、次第次第にずうずうしくなり、以前には空とぼけて遠回しになぞめかして言っていたようなことを、勇敢（大胆）に明らさまに言うようになり、恥知らずにも、共同生活をそこなうようなことをあれこれと（大に）無理にさせるのである。17妻の魅力のとりこになり、あるいは自然の本能によって子どものことに心を向けるようになると、もはや他の人々に対してそれまでと同じ人物ではなくなり、自分でも気づかぬうちに別人となり、自由人ではなくて奴隷になってしまうのである。
18まことに彼らの生活はこのようにうらやましいものであり、私人（平民）のみならず大王たちですらこの人々に感嘆し、彼らの尊厳あふるる生き方になお一層の称賛と名誉を与えて、これを称えているのである。

ヨセフス『ユダヤ戦記』二111–113

111アルケラオスはエトゥナルケース（民族支配者）の地位を手に入れると、以前の対立を根にもって、ユダヤ人のみならずサマリア人をも苛酷に取り扱ったので、（ユダヤ人、サマリア人の）両者ともにカェサルの許へ彼を訴える使節を派遣した。その結果、治世九年目に、彼自身はガッリアの町ウィエンナへ追放され、彼の財産はカェサルの宝庫に入れられた。112彼はカェサルによって召喚される前に、次のような夢を見たということである。彼は、たわわに実った九つの穂が何頭かの牛によって食い尽くされているのを見たように思った。そこで彼は、預言者およびいく人かのカルデア人たちを呼び寄せて、（その夢が）何を示していると思うか、と尋ねた。113彼らがそれぞれさまざまな解釈を示した中で、エッセネ派に属していたシモンなる人物が、「穂は年のことであり、牛は事態の転変のことであると信じます。牛は耕しながら土地を変えるからです。したがって、あなたは、穂の数（の年月）王として支配し、多彩な事態の転変に巻き込まれて生涯を閉じることでしょう」と語った。これを聞いてから五日後に、アルケラオスは裁きの場に召喚されたのである。

ヨセフス『ユダヤ戦記』二119–166

119ユダヤ人の哲学には三つの形態がある。第一の形態に属する人々はパリサイ派、第二はサドカイ派、第三は（宗教的）尊厳を熱心に追求していると考えられており、エッセネ派と呼ばれている。エッセネ派の人々はユダヤ民族であり、他の人々以上に互いの愛情が強い。120彼らは快楽を悪徳として退け、禁欲と、情念におぼれないことを徳とみなしている。また彼らは結婚を侮蔑し、他人の子どもを、まだ精神が柔らかくて教育の可能性のあるうちに養子として同族とみなし、彼らの風俗習慣に従って育てるのである。121彼らは、結婚と結婚から生ずる子孫とを否定しているわけではないが、女の放縦さから身を守ろうとしているのであり、女は一人の男に対して貞節を守り得ないものと信じ込んでいるのである。

122彼らは富を軽蔑しており、彼らの共同生活は驚くべきものである。彼らのもとには財産の点でぬきんでている者はいない。この派に入会する者は組織に財産を移管するという決まりがあって、一人一人の財産はまるで兄弟の間におけるごとくに一つにまとめられて全員のものとされるので、彼ら全員の中にはひどい貧者も特別な金持ちもいないのである。123彼らは、オリーブ油はけがれをもたらすものとみなし、万一誰かがうっかりしてオリーブ油にふれてしまった場合には、身体（全体）を洗浄する。彼らは、オリーブ油をつけず、常に白衣をまとっていることを、うるわしいこととみなしていたのである。共同の財産の管理者たちは全員によって挙手により選出され、その職務に関しては彼らの間に区別はなかった。

124彼らは一つの町に住んでいるわけではなく、多数の者が各町ごとに（共同住宅に）定住している。そして、よその土地からやって来る同派の者たちは、そこにあるすべてのものを、まるで彼ら（よそ者）自身のものであるかのごとくに、自由に使用することができ、前に会ったことのない人々のところへも、まるで旧知の間柄のように入っていく。125それゆえ、旅をする時にも、盗賊に対する用心から武器を帯びているほかは、まったく何一つ荷物を持たないのである。彼らの組織のある各町には特に外来者の世話係が決まっていて、衣類や（その他の）必需品を管理している。126彼らの服装と態度は（先生を）恐れつつ訓練を受けている子どもたちのそれと似ている。服もはきものも、すっかりぼろぼろになったり、長い間かかって使い切るまでは、替えようとしない。127彼らはお互いの間では売買はせず、それぞれが自分のものを必要な人に与え、代わりに相手のもので自分が必要なものをもらう。また、たとえお返しをしなくても、誰からでも自由にものをもらうことができるのである。

128神に対する彼らの敬虔な態度には独特なものがある。太陽が昇る前には俗的な事柄については一言も口にせず、まるで（太陽が）昇るのを嘆願するかのように、それに向かって父祖伝来の祈りを献げる。129その後で、それぞれが熟練した仕事へと、監督者たちによって派遣され、五時（午前一一時頃）までわきめもふらずに働いた後、再び一つの場所に集まり、亜麻布の衣を腰にまとって、冷たい水で沐浴する。そしてこのきよめ（の儀式）が終わった後で、独特の部屋に集まる。そこには他派の者は誰一人入ることを許されない。彼らはきよらかな身となって、まるで聖なる（神殿）境内へでも入るように食堂へ入るのである。130そして彼らが黙って着席すると、パン焼き係が順番にパンを置き、料理人が一菜ののった皿を一人一人の前に置く。131次に、食事に先立って、祭司が祈りを献げる。祈る前に食事をすることは禁じられている。昼食が終わると、彼（祭司）は再び祈る。彼らは（食事の）始めと終わりに生命の与え手なる神をほめたたえるのである。それから、衣を聖なるものとして脱ぐと、夕方まで再び仕事に向かう。132（仕事から）戻ると、（昼食の場合と）同じような仕方で食事をするのだが、もしも滞在者があれば、その者たちも同じ食卓につく。叫び声や騒がしい物音がその建物をけがすことはない。彼らは秩序正しく、互いに譲り合いつつ話を交わす。133外部の者には、内部の者たちの沈黙がまるで恐るべき神秘のごときもののように思われるのであるが、その原因は、彼らが常に節制を守っていること、しかも彼らのもとでは食物も飲み物も十分に配られていること、である。

134その他の事柄に関しても、彼らは監督者たちの指示なしには何一つ行わないが、救助と慈善行為、この二つは各人が自由に行ってよい。（救助を）受けるにふさわしい人がそれを必要としている場合には助け、困っている人々に食物を提供することは、自由にしてもよいことになっている。しかし、親族に物を与えるには監督者の許可が必要である。135彼らは怒りの義《ただ》しい管理者であって、憤りを抑制することができ、信実さ（ピスティス）を大切にする者たち、平和に奉仕する者たちである。そして彼らの語ることばは、すべて誓いよりも確実であり、彼らは誓うことを偽の誓いよりも悪いことと考えて、誓うことを避ける。神（の名によって誓うこと）なしには信用されないような者は、すでに断罪されている、と彼らは言うのである。136彼らは古人の書物を異常な熱意をもって研究し、特に魂と肉体の益になるような部分を選び出す。これらの書物からは、病気の治癒に役立つように、薬となる根や、石の特性を探求する。

137彼らの派に入ることを熱望する者は、すぐには入会を許されず、手斧と前述の腰布および白衣を与えられた上で、一年の間外にとどまって（内部の者たちと）同じ生活をすることが命じられる。138この期間中、節制を守ったことが証明できると（内部の者たちの）生活にさらに近づくことができ、きよめのための聖水に与《あずか》ることを許されるが、なお、まだ共同生活へは受け容れられない。節制（忍耐力）の証をたてた後、さらになお二年間性格を試験され、（共同生活に）ふさわしい者であることが明らかになった上で、群に加わることを許されるのである。139しかし、共同の食事に触れる前に、彼は彼ら（共同体の構成員）に対して厳粛な誓いをする。まず第一に、神を敬うこと、次いで人々に対して正義を守ること、故意にせよ命令によるにせよ、人を害さないこと、また、常に不義な者たちを憎み、義人たちを助けて戦うこと、140常に万人に対して、特に支配者たちに対して誠実さを失わないこと、支配者の地位は誰も神の許しなしには保持できないのだから。もしも自分自身が支配する立場に立った場合には、その権力を乱用せず、衣類やはでな装身具で部下たちよりも目立とうとしないこと、141常に真理を愛し、うそつきを非難すること、手を盗みから、魂をけがれた利得からきよく守ること、同派の者たちには決して隠しごとをせず、他方、彼らの派に属さない者たちには、たとえ暴行を受けて死ぬほどになっても何一つ明らかにしないこと、142これらに加えて、誰にも自分自身が受け取ったのとちがった形で教義を伝えないこと、強盗をはたらくことなく、彼らの派の書物と天使たちの名前を同じように大切に守ること、以上の点を誓う。このような誓いによって、彼らは入会者の忠誠を確認するのである。

143彼らは、重大な罪にとらえられた者たちを共同体から追放する。追い出された者は、しばしばきわめてみじめな最期を迎える。誓いと習慣に束縛されているため、他の人々のもとで許されている食物を食べることができず、草ばかり食べているうちに、飢えによって肉体が衰弱して死んでしまうのである。144そこで、彼ら（エッセネ派）はこれに同情して、多くの者たちを、いよいよ息もたえだえになったところで、再び受け容れる。彼らの過ちに対しては、死ぬほどの責苦で十分だと考えるのである。

145彼らは裁判に関しては最も厳格であり、そして公平である。そして、一〇〇人以上集まらなければ判決を下さないが、彼らによって下された判決は不動である。彼らは神に次いで立法者（モーセ）の名に多大の畏敬の念を抱いており、誰でもこれを冒瀆する者は死刑に処せられる。146彼らは長老たちと多数者たちとに喜んで服従する。たとえば、一〇人の者が同席していた場合、九人の意志に反して一人が語るということはないであろう。147彼らは人々の真ん中や右側へ唾をすることを避け、さらに、すべてのユダヤ人の中でもとりわけ安息日に仕事につくことを避ける。その日（安息日）は一日中火をともすことのないようにと、自分たちの食べる物を前日にあらかじめ準備しておくばかりでなく、（安息日に）器を片付けたり、排便したり、といったことすらしないのである。148他の日には、彼らはくわで三〇センチほどの深さの穴を掘り――彼らによって新入者に与えられる手斧というのはこのためのものである――神の光線をけがさないように、衣服で（穴を）覆って、その穴の中へ排便する。149その後で、さっき掘った土で穴をふさぐ。彼らは最もさびしい場所を選んで、これをする。排泄行為は自然なものであるにもかかわらず、彼らはその後で、まるで身をけがされたとでもいうように沐浴する習慣がある。

150彼らは訓練期間の長さに従って、四つの組に分けられる。そして、後輩は先輩よりもはるかに劣ったものとされ、もし万一、後輩が先輩にちょっとでも触れようものなら、先輩は異邦人にさわってけがれた場合のごとくに沐浴する。151彼らは長命で、多くの者たちは一〇〇歳を超すほどであるが、それは彼らの生活が単純で規律正しいことによるものと私には思われる。彼らは危険を軽んじ、精神力によって苦難にうちかち、死も、栄光を伴ったものならば、不死よりも優れたものとみなしている。152ローマ人に対する戦いは、彼らの魂をあらゆる面にわたって試した。立法者を冒瀆させ、あるいは、食べる習慣でないものを食べさせようとし、拷問台の上に縛り付けられ、ねじ曲げられ、焼かれ、引き裂かれ、あらゆる拷問具の中を通らされても、いずれの要求にも屈することなく、拷問を加える者たちにへつらったり、あるいは、涙を流すこともなかった。153むしろ苦難の中にもほほ笑みをうかべ、拷問係の者たちをあざ笑い、再び（生命を）取り戻すのだといった態度で、喜んで生命を投げすてたのである。

154（彼らの行動を支えたのは）次のような教えに対する確信であった。肉体は滅びゆくものであり、肉体を構成している物質は永続するものではなく、他方、霊魂は不死であり、永遠に続く。霊魂は最も微細なる大気

（アイテール）から出てくるのだが、自然の不思議な力に引きずりおろされて、あたかも牢獄に閉じ込められているかのように肉体と結び合わされているのであり、155肉体のなわめから解放されると、まるで長かった隷従から解き放たれたかのごとくに、喜んで高空へ舞い上がる。そして、彼らはギリシア人の子らと同じように、善き魂のためにはオケアノスのかなたにすみかが用意されており、そこは嵐にも炎暑にも苦しめられることなく、オケアノスの方からたえず心地よい西風がさわやかな涼気を吹き寄せてくれる場所であるのに対して、他方、劣悪なる魂には、たえざる刑罰に満ちた、陰鬱《いんうつ》で寒々とした場所が区別されていると信じている。156私にはギリシア人たちも同じ考えを持っているように思われる。すなわち、彼ら（ギリシア人）は、彼らが英雄や半神と呼んでいる勇者たちには、幸福な者たちの島を割り当て、悪人たちの魂にはハデスに不敬虔な者たちの場所を割り当てる。そこでは、シシュポス、タンタロス、イクシオン、ティテュオスといった連中も刑罰を受けていると彼らは言い伝えている。彼ら（ギリシア人）は、まず第一に霊魂が永続するものであると信じ、次いで徳を勧奨し、悪を抑止しようとしているのである。157というのも、善人は、死後にも栄誉を与えられるという希望によって、生きている間により優れた者になるのであり、悪人どもの衝動は、万一生前は人に見とがめられなかったとしても、死後絶えざる刑罰を受けることを考えれば、恐ろしさのあまり抑止されるのだから。158エッセネ派は霊魂についてこのような教義をたてており、これはひとたび彼らの知恵を味わった者たちには、あらがい難い誘引力を発揮するのである。

159彼らの中には、聖文書、さまざまなきよめ、預言者たちの語録に通暁し、将来のことをも予知できると主張している者たちもいる。実際、彼らの予言がはずれることはきわめてまれである。160さらに別種のエッセネ派のグループがあって、生活様式、習慣、掟に関しては他の者たちと同じ意見を持っているのだが、結婚に関する意見において相違している。それは、結婚しない者たちは生命の最も主要な部分である（生命）継承ということを排除しているのであり、実際、もしも全員が同じように考え（て結婚しなかっ）たならば、人類はたちまち消え失せてしまう、と考えるからである。161しかしながら（結婚は認めるものの）彼らは妻を三年間試験して、絶えざるきよめによって子どもを産むにふさわしいものであることが明らかになると、はじめて一緒になる。快楽のためではなく、子どもをつくるために結婚したことを示すために、受胎した妻とは交わらない。男が腰布をまとって沐浴するのにならって、女は衣をまとって沐浴する。このグループの習慣はかくのごとくである。

162前述の二つの派のうち、パリサイ派はトーラーを厳格に解釈する者たちであると考えられており、第一の（指導的な）学派を形成していたのであるが、すべてを運命と神に帰しており、163正しい行いをするか否かはほとんどが人間の責任であるけれども、同時に個々の場合に運命も協力しているのだ、と考えている。霊魂はすべて不滅であるが、他の肉体に移り住むことができるのは善人の霊魂のみであり、劣悪な者たちの霊魂は、永遠の懲罰を受けるのである。

164第二のグループであるサドカイ派は、運命を完全に否定し、神が何か悪をなしたり、ご覧になったりすることはないと考え、165善（福）も悪（禍）も人間の選択によるものであり、各人の決断によって人はこれらのいずれかに近づくのである、と言っている。霊魂の永続もハデスにおける懲罰も報奨も、彼らは否定する。

166パリサイ派の人々は互いに愛し合い、社会全体の調和のために努力したが、サドカイ派の人々の性情はお互いに対してもきわめて粗野であり、同胞との交際ぶりも、他国人に対するように荒々しい。ユダヤ人の間の哲学者たちに関して私が語るべきことは、以上である。

ヨセフス『ユダヤ古代誌』一三171―173

171当時（前一四四年頃）ユダヤ人の間には三つの学派（ハイレシス）があった。それらは、人間に関する事柄に関して異なった立場をとっており、一つはパリサイ派、一つはサドカイ派、第三はエッセネ派と呼ばれていた。172パリサイ派の主張によれば、ある事柄――すべての事柄ではない――は運命（ヘイマルメネー）の仕業であるが、（別の）ある事柄が起こるか否かは我々自身（の自由意志）にかかっている。これに対してエッセネ派は、運命こそが万物の支配者であって、運命の決定なしには何一つ人間の身に起こることはない、と言明する。173一方、サドカイ派は運命を否定して、そのようなものの存在を認めず、人間の事柄は運命に従って成就するのではなく、すべては我々自身（の力）にかかっているのであって、幸福の原因となるのも我々自身であり、また（ひるがえって）我々が不幸な目にあうのも我々の無思慮によるのである（と考えている）。しかしこの問題については、ユダヤの歴史を探究した書物の第二巻（＝『ユダヤ戦記』二119―166）にさらに詳細に解明しておいた。

ヨセフス『ユダヤ古代誌』一五371―379

（ヘロデ大王が臣民に忠誠の誓いを強要した際に、サマイアスとパリサイ派のポッリオンとその弟子たちはこれを拒んだが、罰せられなかった、という文脈で、エッセネ派が紹介される）

371我々のもとでエッセネ派と呼ばれている人々も、この（忠誠の誓いの）強制を免除された。このグループは、ギリシア人のもとではピュタゴラスによって教えられた、生活様式に従って生活していた。この人々については、私は他の箇所（複数）でもっと詳しく説明する予定である。372しかし、彼（ヘロデ）が、いかなる理由から、死すべき本性にふさわしい以上にエッセネ派を高く評価して、彼らを尊敬したのか、について語るのは適切なことである。というのも、これらの人々に対する見解をも示すことになるので、この説明は歴史書（『ユダヤ古代誌』）にとって不適切なものではないであろう。

373エッセネ派の一人でその名をメナヘムという人物がおり、彼は、他のさまざまな点においても、その生き方が善美に従うものであることが証言されていたが、とりわけ将来の事柄を予知する能力を神から与えられていることが認められていた。この人は、ヘロデがまだ子どもだった頃に先生の（家へ）行くところを見て、「ユダヤ人の王」と呼びかけた。374彼（ヘロデ）は、彼（メナヘム）が無知であるかあるいは冗談を言っているものと思って、自分は一私人に過ぎないことを思い起こさせた。これに対して、メナヘムは、穏やかにほほえみ、片手で彼（ヘロデ）の背中をたたいて、こう言った。「しかし、確かに、あなたは王になるでしょう。そして幸福に支配なさるでしょう。というのも、あなたは神によってそれにふさわしいものとみなされたのです。そして、メナヘムによって（背中を）たたかれたことを、覚えていなさい、このことが、あなたにとって運命が転変するものであることのしるしとなるように。375もしもあなたが正義を愛し、神に対しては敬虔を、市民たちに対しては穏やかさを（愛する）ならば、このような分別こそが最も優れたものとなるでしょう。しかし、私はすべてを理解しているので、あなたがこのような者とはならないであろうということを、知っています。376あなたは、幸運の点では、他の何人にもまさり、永遠の栄誉を手に入れるでしょうが、敬虔と正義とを忘れるでしょう。これらのことは神の眼を逃れることはないでしょう。あなたの生涯の終わりには、これらの事柄に対する怒りが（神に）思い起こされることになるのです」。377その時には、ヘロデはそのようなこと

（王位や栄誉）に対する望みを持っていなかったので、ほとんど気にかけなかったが、少しずつ、王位と幸運への道を進み、（やがて）支配の頂点に達した際に、彼はメナヘムに使者を遣わして呼び出し、彼の支配がどれくらいの期間続くのかとたずねた。378これに対して、メナヘムはまったく一言も答えなかった。彼が黙っているので、彼（ヘロデ）は自分の支配は一〇年続くのかとのみたずねたところ、彼（メナヘム）は「二〇年か三〇年」と答え、定められた期間の終わりが（正確に）いつなのかは提示しなかった。ヘロデはこれらの言葉に満足して、メナヘムを丁重にもてなしてから帰し、それ以降、エッセネ派全員を尊敬し続けた。379以上の経緯は奇妙な信じがたいこと（のように思われる）かもしれないが、我々は、読者たちのためにそれを書き記し、我々のもとで起きた事柄についてお知らせするのは適切なことであると考えた。というのも、これらの人々（エッセネ派）の多数は、善美と、神に属する事柄についての経験（知識）の故に、（そのような尊敬を受けるに）ふさわしいものとみなされている。

ヨセフス『ユダヤ古代誌』一八11―22

11ユダヤ人には大昔の父祖の時代から三つの哲学（ピロソピアー）があった。エッセネ派の哲学とサドカイ派の哲学、そして第三はパリサイ派と呼ばれる人々の哲学である。ところで、これらについてはすでに『ユダヤ戦記』第二巻でお話ししておいたのであるけれども、ここでもう一度ふれておこうと思う。

12パリサイ派は生活を質素にして、ぜいたくにならないように心がけており、彼らの教義（ロゴス）がよいことと判断して伝承してきたものの指導に従い、とりわけ、それ（彼らの教義）の命じる戒律の遵守を義務と考えている。彼らは年寄りを重んじ、年寄りの提案にあえて異を唱えるようなことはしない。13すべてのことは運命（ヘイマルメネー）に従って行われるとみなしているが、人間にはその意志（熱意）に従って行動する自由のあることを否定はしない。（運命と自由意志との）混合があること、また徳あるいは悪を選ぶ人間の意志も運命の会議に参加することを神がよいことと考えたからである。14彼らはまた、霊魂には不死の力があって、地下（死後の世界）には、その人が生きている間に善徳を積んだか悪行を重ねたかに従って、報いと刑罰とがあり、後者には永遠の牢獄が、前者には復活への道が用意されている、と信じている。15このような教えのゆえに、彼らは民衆の間に絶大な信頼をかち得ており、祈り（あるいは誓い）にせよ祭儀にせよ、すべての神事は彼らの解釈に従って執行されるのである。諸都市（の住民たち）は、パリサイ派がその生き方においてもことばにおいても、何事につけ、より優れたものを追い求めてこのように高い徳に達していることを証したのである。

16サドカイ派の教義（ロゴス）によれば、霊魂は肉体とともに滅びる。彼らにとっては、遵守すべきものは（モーセの）トーラー（ノモイ）以外にはあり得ない。彼らは、彼らが追求している知恵の教師たちと対話することを徳と考えていた。17この教えは、わずかな人々にのみ受け入れられたが、それらは最も高位の人々であった。しかし彼らは、その教義を何一つ行わなかった。というのは、彼らがなんらかの職務についた場合には、自分の意志に反してやむをえず、パリサイ派の説に従わざるをえなかったのである。そうしなければ彼らは民衆から受け入れられなかったのである。

18エッセネ人（エッセーノイ）は万事を神の手に委ねるよう教えている。彼らは霊魂は不滅であると考え、正義に近づくべく激しく努力しなければならないと考えている。19彼らは奉納物（アナテーマタ）は（エルサレムの）聖所に送るが、犠牲は（神殿で犠牲を献げる人々とは）異なった彼ら独自の聖潔概念（ハグネイアイ）に従って献げる。このゆえに、（ユダヤ人なら）誰でも入ることのできる神殿境内に近づこうとせず、自分たちだけで犠牲を献げている。その他の点については、彼らはその生き方において最も優れた人々で、もっぱら農業に従事している。

20自ら有徳の士をもって任じていたあらゆる人々に優って、彼らは驚嘆されるべきである。ギリシア人のもとにせよ非ギリシア人のもとにせよ、これほどの高徳はかつてほんのわずかにせよ存在したことはないが、彼らは（他人に）妨げられないよう努力しつつ、大昔からそれを守っているのである。彼らは財産を共有し、金持ちも何一つ持っていない人以上に自分の財産を享受することはない。このような生活を送っている人々の数は四〇〇〇人以上である。21さらに彼らは（共同生活の中へ）妻を連れ込まず、また奴隷を持とうともしない。後者（奴隷所有）は不義につながりやすいと考え、前者は分裂を生みやすいと考えるからである。彼らは自分たちだけで生活し、お互いに奉仕し合うのである。22彼らは会計係として立派な人々を挙手によって選出し、収入や土地からの収穫すべてを委ねる。また同様に、食物類をととのえる祭司たちを選出する。彼らはダキア人の中のクティスタイと呼ばれる人々と何ら異なることなく、そっくりの生活をしているのである。

プリニウス『自然誌』五・一五・七三

（死海の）西岸で、エッセネ人（Esseni）たちは、（彼らに）害を与える岸辺を離れて（住んで）いる。彼らは孤独な（独特な）種族（gens）で、全世界の他の種族以上に驚くべき種族である。女は一人もおらず、あらゆる愛欲（venus）を拒み、金もなく、シュロ（の木）を伴侶とする。日毎に多くの人々が押し寄せて来るので、逃亡した人々と同数だけの群が再生する。人生に疲れた人々を、運命が（その）転変によって、彼ら

（エッセネ人）の生き方へと引き寄せるのである。そのため——言っても信じてもらえないだろうが——誰も生まれないにもかかわらず、何千世代にもわたって、この永遠の種族は続いている。他の人々が（自分の）人生について悔恨の念を抱くことが、彼らにとってはこのように豊かな結果をもたらすのである。

彼らの下方（南方？）にエンガダ（エンゲディ？）の町があった。これは（その土地の）豊饒さとシュロの林（の広さ）において、エルサレム（エリコの誤り？）に次ぐものであったが、今では（エルサレムと並んで）今一つの廃墟と化している。その次に岩山の上の要塞であるマサダがあるが、これもアスパルトの海（死海）からそんなに離れていない。ここまでがユダヤである。

死海写本関連年表

年	出来事
前三三四年	アレクサンドロス大王、東方遠征
前三三〇年	ペルシア帝国終焉
前三一二年	シリアのセレウコス王朝開始
前三〇五／四年	エジプトのプトレマイオス王朝開始
前一七五年	アンティオコス四世エピパネス、シリア王に即位
	エルサレムのヘレニズム都市化進む
前一六七年	ハスモン家のマッタティアスの蜂起と彼の仲間による反乱の開始
前一六四年	ユダ・マカベアによる神殿祭壇のきよめと、ハヌッカ祭の創設
前一六〇年	ユダ・マカベア戦死
前一四三／二年	シモン、ユダヤ民族の指導者・大祭司となる
前一三四年	シモン暗殺され、ヨハネ・ヒルカノス一世、後継者となる
前七四年	ヘロデ（後の大王）誕生

前六四年	シリア、ローマの将軍ポンペイユスに征服され、ローマの属州となる
前六三年	ポンペイユス、エルサレムを征服し、ユダヤは属州シリアに編入される
前四〇年	ヘロデ、ローマの元老院により、ユダヤの王に任命される
前三七年	エルサレム、ヘロデにより陥落
前二五年頃	サマリア再建され、セバステと改名
前四年	ヘロデ大王歿。ヘロデの王国は三人の息子たちに分割される この頃、ナザレのイエス誕生
後六年	ユダヤ、ローマの属州となる
後二六年	ピラトゥス、属州ユダヤの総督となる
後三〇年頃	イエスの磔刑
後六六年	第一次（対ローマ）ユダヤ戦争勃発
後六八年	クムラン宗団、ローマ軍により壊滅される
後七〇年	エルサレムとその神殿、ローマ軍により壊滅される
後七四年	マサダの要塞陥落
後一一五〜一一七年	エジプト、キュレネ、キプロスなどでユダヤ人反乱
後一三二〜一三五年	第二次（対ローマ）ユダヤ戦争（バル・コクバの乱）

学術文庫版あとがき

今回、二〇〇三年の講談社現代新書『はじめての死海写本』が、装いを新たにして、講談社学術文庫の一冊として刊行されることになったことに、深い感慨を禁じ得ない。「はじめての」という形容は本書の内容にふさわしくないという感想をいく人かの方々から頂いており、私自身もこれに同感であった。聖書とその周辺に関するある程度の、あるいはむしろかなりの、知識を前提したものとなっていたからである。もっとも「はじめての」にはこれとは別の意味もこめられていたことは、「はじめに」に記しておいた。「はじめての」は編集者からの提案によるものであったが、それを受け容れたのはそのような意味もこめてのことである。

それだけに、今回、「はじめての」をタイトルからはずして、学術文庫として再刊することは、内容にふさわしいものとして仕切り直すことにつながるであろう。このような形での新装版の刊行を提案してくださった林辺光慶さんと、編集にあたってくださった今岡雅依子さんに、心から感謝御礼申し上げます。

ただし、今回は副題について、若干のやりとりを受けて、編集部から提案された「「最古の聖書」を読む」を受容することになった。お読みになれば分かるとおり、本書の内容は「最古の」聖書を紹介するものではない。これについては、いささかの説明が必要であろう。

死海（クムラン）写本は、大きく二つに分けることができる。後代にキリスト教によって「旧約聖書」（ユダヤ教ではタナクないしタナハ）と呼ばれることになるものに収録されている文書の写本と、それ以外の文書の写本である。本書の内容のほとんどは、後者の紹介にあてられている。後者のほうが、圧倒的に数が多いからである。ただし、後世「旧約聖書」と称されるに至るものが、いつ頃、聖典あるいは正典として、何らかの意味で規範的な文書群としてひとまとまりの形をとることになったのかは、実はよく分からない。

それと同時に、紀元後のある時期に聖典あるいは正典が徐々に結集されて成立したとしても、その規範的な結集に、具体的にどの文書が収録されることになったのかは、様々なグループごとに相違があり、まちまちである。

つまり、死海（クムラン）写本が生まれた時代には、右記のような二分法は、我々が考えるような意味においては、存在していなかったことになる。後代にどの文書が規範的なものとして受け取られるようになるかは、死海写本の製作者伝承者たちの思いの外であったと言ってよいであろう。

ただし、彼らにとって自分たちが受容して伝承する諸文書の重要性ないし役割に何の違いもなかったとも考えにくい。何らかの区別が想定されていた可能性を全面的に否定するのは、適切であると思われない。さらに、クムラン宗団とほぼ同時代の他のユダヤ教徒たちには、また別の思いがあったことであろう。

一言で言えば、紀元前後頃、あるいはもう少し後まで、ユダヤ教にせよキリスト教にせよ、固定化された「聖書」は存在しておらず、「聖書」についての考え方は非常に柔軟であり、流動的であった、と言うことができる。この点についての解説は他日を期すことにしたい。

以上に略述したような意味において、「『最古の聖書』を読む」と言う副題は、あながち不適切ではないが、ミスリーディング（misleading）のおそれがなきよう、ここにあえて贅言を弄した。

前述のように本書は前著の改訂版と言うよりは、新装版である。基本的な内容は新書のままであり、改訂は必要最小限（ごくわずか）にとどめている。前著出版以降、該当分野の研究において前著の内容を大きく書き改めることを促すような動きが認められないことが、その理由である。

もとより筆者の視野は限られており、見落としや思い違いもあることであろう。識者のご教示を得ることができれば、幸いである。筆者がかかわる形での「死海（クムラン）文書」の邦訳出版の話も（具体的な企画として整ってはいないが）進行中であり、本書がいわばその露払いとなることを念じている。

書物はそこに書かれて（印刷されて）いることばと、そこに書かれていないものとから成る。書かれていることばは言わば氷山の海面上の部分のようなものである。ペンは剣よりも強し、されど沈黙はペンよりも強し。

土岐健治

二〇一五年盛夏

PrincetonDSS: James H.Charlesworth（ed.）, The Princeton Theological Seminary Dead Sea Scrolls Project: The Dead Sea Scrolls: Vol.1. *Rule of the Community and Related Documents*（1994）; Vol.2.*Damascus Document, War Scroll, and Related Documents*（1995）; Vol.6B, *Pesharim, Other Commentaries, and Related Documents*（2002）.（Tübingen: J.C.B.Mohr, Louisville: Westminster John Knox）

Scanlin, Harold, *The Dead Sea Scrolls and Modern Translations of the Old Testament*.（Wheaton: Tyndale House, 1993）

Stegemann, Hartmut, *The Library of Qumran*.（Grand Rapids: Eerdmans, 1998）

Stern, Sacha, *Calendar and Community. A History of the Jewish Calendar Second Century BCE-Tenth Century CE*.（Oxford University Press, 2001）

Swanson,Dwight D., *The Temple Scroll and the Bible.The Methodology of 11QT*.（Leiden: Brill, 1995）

Taylor,Joan E., *The Immerser: John the Baptist within Second Temple Judaism*.（Grand Rapids: Eerdmans, 1997）

Tov, Emanuel, *Textual Criticism of the Hebrew Bible*. 3rd. ed.（Minneapolis: Fortress, 2012）

Tov, Emanuel, The Biblical Texts from the Judaean Desert-an Overview and Analysis of the Published Texts, in *The Bible as Book*.（ed. by E.D.Herbert and E.Tov, The British Library & Oak Knoll Press, 2002）

Ulrich, Eugene（ed.）, *The Biblical Qumran Scrolls*. 3 vols.（Leiden: Brill, 2013）

VanderKam,James C., *The Dead Sea Scrolls Today*. 2nd. ed.（Grand Rapids: Eerdmans, 2010）

VanderKam, James C., *Calendars in the Dead Sea Scrolls: Measuring Time*.（London and New York: Routledge, 1998）

Vermes, Geza, *The Complete Dead Sea Scrolls in English*.（The Penguin Books, 2004）

Wise-Abegg-Cook:Michael Wise, Martin Abegg and Edward Cook,*The Dead Sea Scrolls*. A New Translation.（HarperSanFrancisco, 1996）

Yadin, Yigael, *The Temple Scroll*.（London: Weidenfeld and Nicolson,1985）

Cross, Frank M., *The Ancient Library of Qumran*. 3rd. ed. (Minneapolis: Fortress, 1995)

Davies, Philip R., George J.Brook and Philip R.Callaway, *The Complete World of the Dead Sea Scrolls*. (London: Thames & Hudson, 2002)

de Vaux, Roland, *Archaeology and the Dead Sea Scrolls*. (Oxford University Press, 1973)

EDSS: Lawrence H.Schiffman and James C.VanderKam (eds.), *Encyclopedia of the Dead Sea Scrolls*. 2 Vols. (Oxford University Press, 2000)

Finegan, Jack, *Handbook of Biblical Chronology*. Revised Ed. (Peabody: Hendrickson, 1998)

García Martínez → Martínez

Goodblatt, D., A.Pinnick and D.R.Schwartz (eds.), *Historical Perspectives. From the Hasmoneans to Bar Kokhba in Light of the Dead Sea Scrolls*. (Leiden: Brill, 2001)

Grossman, Maxine L., *Reading for History in the Damascus Document*. A Methodological Study. (Leiden: Brill, 2002)

Harrington, D.J., *Wisdom Texts from Qumran*. (London and New York: Routledge, 1996)

Hess, Richard S. and M.D.Carroll R. (eds.), *Israel's Messiah in the Bible and the Dead Sea Scrolls*. (Grand Rapids: Baker Academic, 2003)

Horgan, Maurya P., *Pesharim:Qumran Interpretations of Biblical Books*. (Washington, DC: The Cathoric Biblical Association of America, 1979)

Levison, John R., *The Spirit in the First-Century Judaism*. (Boston,Leiden: Brill Academic Publishers, 2002)

Lim, Timothy H. (ed.), *The Dead Sea Scrolls in their Historical Context*. (Edinburgh: T&T Clark, 2000)

Magness, Jodi, *The Archaeology of Qumran and the Dead Sea Scrolls*. (Grand Rapids: Eerdmans, 2002)

Martínez, F.García, *The Dead Sea Scrolls Translated. The Qumran Text in English*. 2nd ed. (Leiden: Brill, 1996)

Martínez, F.García and E.J.C.Tigchelaar (eds.), *The Dead Sea Scrolls Study Edition*. 2 vols. (Leiden: Brill, 1997, 1998)

参考文献・略号表

日本語文献

青木信仰『時と暦』(東京大学出版会　1982年)

ウィルスン、エドマンド『死海写本――発見と論争 1947-1964』(桂田重利訳、みすず書房、1995年)

クック：E・M・クック『死海写本の謎を解く』(土岐健治監訳　太田修司・湯川郁子共訳　教文館　1995年。原著は1994年)

コギンズ：R・J・コギンズ『サマリヤ人とユダヤ人』(渡辺省三・土岐健治共訳　教文館　1980年。原著は1975年)

『死海文書』：日本聖書学研究所編『死海文書』(山本書店　1963年。第7版1994年)

テイラー、ジョン『西洋古典文学と聖書』(土岐健治訳、教文館、2014年)

土岐：土岐健治『初期ユダヤ教と聖書』(日本基督教団出版局　1994年)

土岐健治『ヨナのしるし』(一麦出版社、2015年)

ベルガー、クラウス『死海写本とイエス』(土岐健治監訳　戸田聡・五十川恵共訳　教文館　2000年。原著は1993年)

ボウカー：J・ボウカー『イエスとパリサイ派』(土岐正策・健治訳　教文館　1977年。原著は1973年)

ボヤーリン、ダニエル『ユダヤ教の福音書』(土岐健治訳、教文館、2013年)

松田：松田伊作「死海写本『共同体の規律』(1QS) ――改訳」(「文学研究」第78輯　九州大学大学院人文科学研究院　1981年)

藪内清『歴史はいつ始まったか』(中公新書590　1980年)

英語文献

Abegg, M.A., J.E.Bowley and E.M.Cook, *The Dead Sea Scrolls Concordance*, Vol.1, *The Non-Biblical Texts from Qumran*. 2 Parts.（Leiden: Brill, 2003）

Charlesworth, James H., *The Pesharim and Qumran History. Chaos or Consensus ?*（Grand Rapids: Eerdmans, 2002）

Crawford, Sidnie W., *The Temple Scroll and Related Texts*.（Sheffield: Sheffield Academic Pr., 2000）

ドゥ・ヴォー　Roland de Vaux
トーブ　Emanuel Tov
ドライヴァー　G.R.Driver
トレヴァー　J.C.Trever
バイエ　Maurice Baillet
ハーディング　G.Lankester Harding
ハリル　Khalil
バルテルミー　J.Dominique Barthélemy
バロウズ　Millar Burrows
ピュエシュ　Emile Puech
ビラン　Avraham Biran
ヒルベト・クムラン　Khirbet Qumran
ブノワ　P.M.Benoit
ブラウンリー　William Brownlee
フンツィンガー　Claus-Hunno Hunzinger
ベイジェント　Michael Baigent
マグネス　Jodi Magness
ミリク　J.T.Milik
ムハンマド　Muhammed Ahmed el Hamed（通称Muhammed edh-Dhib）（ムハンマド・アフマド・アル・ハミド、通称「エド・ディーブ〈エッディーブ〉＝狼」）
ムラバート　Wadi Murabba'at
ヤディン　Yigael Yadin
ユマ　Jum'a
リー　Richard Leigh
ロウリー　H.H.Rowley
ロス　Cecil Roth
ワイズ　Michael O.Wise

人名・固有名詞一覧（本文中）

アイゼンマン　Robert H.Eisenman
アメリカ・オリエント研究所　American School of Oriental Research
アルリク　Eugene Ulrich
アレグロ　John M.Allegro
イシャヤ　George Isaiah
ウィルスン　Edmund Wilson
ヴェルメシュ　Geza Vermes
エルサレム聖書学考古学研究所　École Biblique et Arché-ologique Française
オハン　Levon Ohan
オールブライト　William Foxwell Albright
カンドー　Kando = Khalil Iskander Shahin（ハリル・イスカンダル〈イスカンデル〉・シャヒン）
キムロン　Elisha Qimron
キラズ　Anton Kiraz
クロス　Frank Moore Cross
サムエル（大主教）　Mar Athanasius Yeshue Samuel（マル・アタナシウス・エシュエ〈イェシュエ〉・サムエル）
サラヒ　Faidi Salahi
シッフマン　Lawrence Schiffman
シャリト　Abraham Schalit
シャンクス　Hershel Shanks
シュテーゲマン　Hartmut Stegemann
スィーリング　Barbara Thiering
スキーハン　P.W.Skehan
スーケニーク　Eleazar L. Sukenik
スターキー　A.J.Starky
ストゥラグネル　John Strugnell
ソウミー　Butros Sowmy
チャールズワース　James H.Charlesworth

KODANSHA

本書の原本は、講談社現代新書『はじめての死海写本』として、二〇〇三年に講談社より刊行されました。

「講談社学術文庫」の刊行に当たって

これは、学術をポケットに入れることをモットーとして生まれた文庫である。学術は少年の心を養い、成年の心を満たす。その学術がポケットにはいる形で、万人のものになることは、生涯教育をうたう現代の理想である。

こうした考え方は、学術を巨大な城のように見る世間の常識に反するかもしれない。また、一部の人たちからは、学術の権威をおとすものと非難されるかもしれない。しかし、それはいずれも学術の新しい在り方を解しないものといわざるをえない。

学術は、まず魔術への挑戦から始まった。やがて、いわゆる常識をつぎつぎに改めていった。学術の権威は、幾百年、幾千年にわたる、苦しい戦いの成果である。こうしてきずきあげられた城が、一見して近づきがたいものにうつるのは、そのためである。しかし、学術の権威を、その形の上だけで判断してはならない。その生成のあとをかえりみれば、その根は常に人々の生活の中にあった。学術が大きな力たりうるのはそのためであって、生活をはなれた学術は、どこにもない。

開かれた社会といわれる現代にとって、これはまったく自明である。生活と学術との間に、もし距離があるとすれば、何をおいてもこれを埋めねばならない。もしこの距離が形の上の迷信からきているとすれば、その迷信をうち破らねばならぬ。

学術文庫は、内外の迷信を打破し、学術のために新しい天地をひらく意図をもって生まれた。文庫という小さい形と、学術という壮大な城とが、完全に両立するためには、なおいくらかの時を必要とするであろう。しかし、学術をポケットにした社会が、人間の生活にとってより豊かな社会であることは、たしかである。そうした社会の実現のために、文庫の世界に新しいジャンルを加えることができれば幸いである。

一九七六年六月

野間省一

土岐健治（とき　けんじ）

1945年名古屋市生まれ。一橋大学名誉教授。西洋古典学，聖書学。東京神学大学卒業，東京大学大学院西洋古典学博士課程修了。主な著書に『初期ユダヤ教と聖書』（日本基督教団出版局），『旧約聖書外典偽典概説』『新約聖書ギリシア語初歩』（ともに教文館），『ヨナのしるし』（一麦出版社），訳書にJ・テイラー『西洋古典文学と聖書』（いずれも教文館）など多数。

講談社学術文庫

定価はカバーに表示してあります。

死海写本《しかいしゃほん》　「最古《さいこ》の聖書《せいしょ》」を読《よ》む

土岐健治《ときけんじ》

2015年9月10日　第1刷発行
2021年7月21日　第4刷発行

発行者　鈴木章一
発行所　株式会社講談社
東京都文京区音羽2-12-21 〒112-8001
電話　編集（03）5395-3512
販売（03）5395-4415
業務（03）5395-3615
装　幀　蟹江征治
印　刷　大日本印刷株式会社
製　本　株式会社国宝社
本文データ制作　講談社デジタル製作

ISBN978-4-06-292321-7